AF284610

Uli Weber

17 Essays über den aktuellen Zeitgeist

17 Essays über den aktuellen Zeitgeist

(16 dieser Essays sind zwischen 2015 und 2017 auf TE erschienen)

© 2018 Uli Weber

Herstellung und Verlag:

BoD - Books on Demand GmbH, Norderstedt

ISBN: 978-3-75280-435-5

Einbandfoto: Blick von der Burg Waldeck   Uli Weber 2004

Anmerkung des Autors: Dieses Buch ist mein Nachweis, zur gegenwärtigen Erosion des demokratischen Rechtsstaates nicht geschwiegen zu haben. Ich widme es dem Geiste unseres Grundgesetzes und bin dafür dankbar, den überwiegenden Teil meines Lebens im freiheitlichsten Staat gelebt haben zu dürfen, den es jemals auf deutschem Boden gegeben hat.

In meinem ersten Lebensdrittel musste ich mich mit einer im Nationalsozialismus sozialisierten Elterngeneration auseinandersetzen, der vorgeworfen wurde, „nichts gewusst" und geschwiegen zu haben und die schwer traumatisiert war. Im zweiten Drittel habe ich dann mein Brot in der Erdölexploration verdient und war dort auch in der betrieblichen Mitbestimmung tätig. In meinem letzten Drittel, also nach meiner Pensionierung, wollte ich dann endlich nur noch ein ganz lieber Opa sein.

Wenn es aber tatsächlich so etwas wie „Generationengerechtigkeit" geben soll, dann kann ich jetzt nicht einfach „nichts gewusst" haben und zum aktuellen Zeitgeist schweigen; das bin ich sowohl meiner Kritik an der vorherigen Generation als auch künftigen Generationen schuldig.

16 dieser Essays wurden zwischen 2015 und 2017 auf dem Internetblog Tichys Einblick veröffentlicht, und ich habe Herrn Fritz Goergen (TE) für deren redaktionellen Feinschliff zu danken.

Uli Weber   **17 Essays über den aktuellen Zeitgeist**

Bibliographische Information der Deutschen Nationalbibliothek:

Die Deutsche Nationalbibliothek verzeichnet diese Publikation in der Deutschen Nationalbibliografie; detaillierte bibliografische Daten sind im Internet über dnb.d-nb.de abrufbar.

Inhalt

Zeitgeist: Eine Positionsbestimmung

Die Betrachtungsperspektive für gesellschaftliche Veränderungen in unserem Land hat sich diametral verändert. Der aktuelle gesellschaftliche Wandel wird nämlich nicht etwa aus einer wertekonservativen gesellschaftlichen Mitte heraus kommentiert, wie wir das bei unserer sogenannten 68-er Studentenrevolution erlebt hatten, sondern vielmehr ist heute diese wertekonservative gesellschaftliche Mitte selbst, vorgeblich als „alte weiße Globalisierungsverlierer", das Subjekt einer vernichtenden öffentlichen Kritik.

Als ehemals gemäßigter links-liberaler Angehöriger der 68-er Generation nimmt sich der Autor vor dem Hintergrund seiner mehr als sechzig Lebensjahre die Freiheit, den aktuellen Zeitgeist kritisch zu betrachten.

In unserem Land hat unbemerkt eine gesellschaftliche Revolution stattgefunden, mit der sich radikale gesellschaftliche Randgruppen zu einer Beseitigung der vormals stabilisierenden wertekonservativen Mitte ermächtigt haben. Indigene Bevölkerungsgruppen kannten einstmals neben den verantwortlichen Hauptleuten auch noch einen Ältestenrat. Ein solcher Ältestenrat war wegen seines Altersdurchschnitts im wahrsten Sinne des Wortes stockkonservativ und stellte gleichzeitig den gesamten Kenntnis- und Erfahrungsschatz der betreffenden Gesellschaft dar. Damit wurde den Betreibern des politischen Tagesgeschäftes ein wertekonservatives Korrektiv gegenübergestellt, das zwangsläufig einen stabilisierenden Einfluss auf die betreffende Gesellschaft besaß.

Heute überschlagen sich bei uns beide christlichen Kirchen, die Parteien der politischen Mitte und die öffentlichen Mainstreammedien, einstmals also die Träger eines wertekonservativen Bewusstseins in unserem Lande, in gegenseitiger Selbstbestätigung ihrer alternativlosen moralisierenden Einheitsideologie und immer neuen Geißelungen einer vorgeblich wertekonservativen Nazi-Haltung. In diesem Land scheint man vergessen zu haben, dass die demokratische deutsche Geschichte weit über das vergangene Jahrhundert mit seinen beiden Diktaturen auf deutschem Boden zurückreicht. Dabei wird jegliches nationale Gedankengut reflexhaft mit dem barbarischen Dritten Reich assoziiert, während eine stramm kommunistisch-totalitäre Gesinnung niemals mit der DDR-Diktatur, den Massenmorden unter Stalin und Mao oder dem Autogenozid eines Pol-Pot-Regimes in Verbindung gebracht wird. Und während die letzten echten Nazis inzwischen längst das neunzigste Lebensjahr überschritten haben, überschlagen sich diese jakobinischen Glaubensschützer in der Bekämpfung jeder abweichenden Meinung.

Unsere gemeinsame Grundordnung, das Grundgesetz, wurde von alten weisen Männern und Frauen im Angesicht der Nazidiktatur formuliert. Diese braune Schreckensherrschaft hatte nämlich einstmals mit einer selbst ermächtigten Einheitsmeinung, mit gleichgeschalteten Medien und mit dem Verstummen kritischer Stimmen ihren Anfang genommen.

An dieser Stelle sei die Schneeflöckchen-Allianz aus Honeckers Enterbten, der vollalimentierten Resterampe unserer 68-er Generation und deren klerikalen Trittbrettfahrern daher noch einmal an einen Grundpfeiler unserer Demokratie erinnert:

Meinungsfreiheit ist nicht die Befreiung von einer unerwünschten Meinung, sondern das grundgesetzlich verbriefte Recht, solch eine unerwünschte Meinung jederzeit öffentlich äußern zu dürfen, solange diese auf dem Boden unserer freiheitlich-demokratischen Grundordnung steht. Demokratie ist also, entgegen dem herrschenden Zeitgeist, der ausdrückliche Schutz dieser unerwünschten Meinung durch die sie ablehnende Mehrheitsgesellschaft.

Vor diesem Hintergrund muss auch die Rechtsstaatlichkeit von sogenannten „Gegendemonstrationen" hinterfragt werden dürfen. Denn eine solche Gegendemonstration stellt üblicherweise keine grundgesetzlich geschützte originäre Meinungsäußerung dar, sondern zielt direkt auf eine Behinderung der freien Meinungsäußerung Andersdenkender ab. Tatsächlich hat es sich unsere geschenkte Demokratie ja bereits widerstandslos gefallen lassen, dass die öffentlichen Kritiker des aktuellen gesellschaftspolitischen Zeitgeistes mittels eines unsäglichen Bezugs auf Nazideutschland systematisch „weggehitlert" und damit gesellschaftlich isoliert werden konnten. Und über kurz oder lang steht zu befürchten, dass rechtsstaatlich nicht legitimierte Zensoren jegliches freiheitlich-demokratische Gedankengut als von „Rechten vereinnehmbar" denunzieren werden. Wenn es aber kein volles gesellschaftliches Meinungsspektrum mehr geben darf, dann muss schließlich auch die politische Mitte erodieren. Damit sind wir alle Zeitzeugen einer Entwicklung in unserem Land, mit der eine einstmals als nachhaltiges gesellschaftliches Korrektiv wirkende wertekonservative bürgerliche Mitte ausgeschaltet zu werden droht.

Bisher hat eine schweigende Mehrheit diese gesellschaftliche Entwicklung offenbar noch gar nicht auf die eigene Lebensplanung bezogen und fühlt sich durch gleichgeschaltete Mainstream-Medien immer noch objektiv unterrichtet. Die absehbare gesellschaftliche Perspektive für unser Land besteht darin, dass diese wertschöpfende schweigende Mehrheit schließlich umso unbeherrschter auf einschneidende negative Veränderungen ihrer persönlichen Lebensumstände als Folge eines parasitären Alimentismus' (Herrschaft der Alimentierten) reagieren wird, je unvorhergesehener solche persönlichen Einschnitte dann individuell wahrgenommen werden.

Ohne den deeskalierenden wertekonservativen Puffer muss der gesellschaftliche Zwang zu einer vorgegebenen politischen Einheitsmeinung also zwangsläufig in einer Konfrontation zwischen „Gut" und „Böse" enden und unsere Gesellschaft auseinanderreißen oder direkt in totalitäre Strukturen führen. Und hinterher wird man von alledem wieder einmal nichts gewusst haben wollen. Mitläufer, Aktivisten und Profiteure werden dann vielmehr die gesamte Schuld einer „GröKaZ" zuschieben - was wir 68-er ja schon einmal in Bezug auf einen „GröFaZ" heftig problematisiert hatten...

Wie wird der Pariser Klimagipfel 2015 unsere Welt verändern?

Veröffentlicht am 4. November 2015 auf Tichys Einblick

Klimaschutz ist nur eines von vielen ökologischen Anliegen, die sich unter dem Sammelbegriff „Umweltschutz" zusammenfassen lassen. Wir alle wollen saubere Luft, sauberes Wasser, eine lebendige Ackerkrume, eine heile und artenreiche Natur und gesunde Nahrung. Durch eine Begrenzung des atmosphärischen Kohlendioxids (CO_2) soll der Klimaschutz einen weiteren Temperaturanstieg auf unserer Erde verhindern und verlangt daher ein Primat gegenüber örtlich konkurrierenden Anliegen des Umweltschutzes.

Weltklimarat verkündete Ende der Diskussion

Vor dem COP21 Klimagipfels 2015 vom 30. November bis zum 11. Dezember 2015 in Paris häufen sich Meldungen über mögliche Auswirkungen der globalen Klimaerwärmung. Der Weltklimarat hat längst das Ende der wissenschaftlichen Diskussion über die befürchtete Klimakatastrophe verkündet und argumentiert mit einem überwältigenden Konsens der Klimaforschung über die Theorie eines vom Menschen verursachten Klimawandels.

Die G7-Staaten haben diese klimawissenschaftlichen Erkenntnisse zum Anlass genommen, um bei ihrem Treffen auf Schloss Elmau die Dekarbonisierung der Welt zu beschließen. Die Nutzung der fossilen Energieträger Kohle, Öl und Gas soll damit bis 2100 weltweit eingestellt werden.

Auch Papst Franziskus hat jetzt in seiner Umwelt-Enzyklika „Laudatio Si" zum globalen Klimaschutz aufgerufen und fordert den Ersatz von fossilen Kraftstoffen sowie ein ökologisches Umdenken von uns allen.

Und mit den Begriffen „ökologischer Fußabdruck" und „Zweite Erde" erklären Umweltorganisationen und bevölkerungspolitische Stiftungen seit Jahren, dass eine Weltbevölkerung von lediglich zwei Milliarden Menschen für unsere Erde dauerhaft tragfähig sei.

So setzt sich aus den Mosaiksteinen einer menschengemachten Klimakatastrophe, dem festen Willen der G7-Industrienationen zur Dekarbonisierung der Weltwirtschaft und dem Streben von Kirche und Umweltorganisationen nach einer „klimaneutralen" Weltgemeinschaft das Bild einer globalen Umwälzung zusammen, die uns alle betreffen wird.

Die wissenschaftlichen Berater der Bundesregierung (WBGU) vergleichen diesen Übergang zu einer kohlenstofffreien Gesellschaft in ihrer „Großen Transformation" bereits mit den epochalen Umbrüchen in unserer Weltgeschichte.

Auswirkungen der Dekarbonisierung ungewiss

Die Auswirkungen einer vollständigen Dekarbonisierung auf die natürlichen und naturnahen Lebensräume unserer Erde sind noch gar nicht absehbar. Mit dem großräumigen Anbau von Energiepflanzen, dem Flächenverbrauch für Stauseen, Wind- und Solarparks sowie den notwenigen Stromnetzen kommt es bereits heute zu ernsthaften Verwerfungen zwischen Natur- und Klimaschutz. Die CO_2-freie Energiegewinnung aus erneuerbaren Quellen beansprucht nämlich 1.000- bis 10.000-mal größere Flächen in naturnahen Gebieten als entsprechend leistungsfähige konventionelle Kraftwerke – und zwar ohne die zusätzlich noch erforderlichen Speicher.

Vor dem Klimagipfel in Paris muss daher die Frage gestattet sein, ob eine globale Klimapolitik so nachhaltig und zielführend mit den natürlichen ökologischen Ressourcen der Erde und unseren wirtschaftlichen Lebensgrundlagen umgehen wird, dass wir unseren Kindern und Enkeln am Ende tatsächlich eine bessere Welt hinterlassen werden. Jeder von uns ist daher gefordert, sich rechtzeitig und verantwortungsbewusst mit allen vorliegenden Fakten und den Konsequenzen unseres Handelns auseinandersetzen.

Dient die befürchtete Klimakatastrophe dazu, die Globalisierung der Welt mit „nachhaltigen" Mitteln fortzusetzen? Mehr als ein halbes Jahrhundert Entwicklungspolitik hat in der „Dritten Welt" einen Scherbenhaufen von Bürgerkriegen, wirtschaftlicher Not, Ausbeutung und ungebremstem Bevölkerungswachstum hinterlassen. Inzwischen stellen dort die Enteignung von Kleinbauern durch das neokoloniale „Land-Grabbing" internationaler Konzerne und die Zerstörung des natürlichen Regenwaldes zum Anbau von Energiepflanzen für den „klimaschonenden" E10-Kraftstoff der Industrienationen ein zusätzliches Armutsproblem dar. Und die Schwellenländer der „Zweiten Welt" quälen sich durch einen schmerzhaften Industrialisierungsprozess, der vollständig von fossilen Energieträgern, insbesondere von der Kohle, abhängig ist. Eine globale Dekarbonisierung, wie sie die G7-Staaten vorsehen, würde die wirtschaftliche Entwicklung in den Schwellenländern stoppen und in der „Dritten Welt" von vornherein ausschließen.

Wer bezahlt am Ende die Dekarbonisierung der Welt? In den Jahren zwischen 2000 und 2014 haben die deutschen Stromverbraucher mit einem finanziellen EEG-Aufwand von mehr als 100 Milliarden Euro den globalen CO_2-Ausstoß um 0,15 Promille verringert. Mit diesem rechnerischen Ansatz würde die Dekarbonisierung der Welt auf Kosten von etwa 600.000 Milliarden Euro kommen, und zwar ohne die zusätzlich erforderlichen Speicher und Netze. Zum Vergleich, unser jährlicher Bundeshaushalt liegt bei zirka 300 Milliarden Euro. Damit würde die Dekarbonisierung der Welt bis 2100 jährlich etwa 23,5 Bundeshaushalte kosten.

Ende der Klima-Debatte?

Die Theorie der vom Menschen verursachten Klimaerwärmung (AGW) wird angeblich von 97 Prozent der wissenschaftlichen Klimapublikationen getragen. Genau das lässt sich aus der zugrundeliegenden Veröffentlichung (Cook et al. aus Environ. Res. Lett. 8, 2013) aber nicht entnehmen. Von den 12.000 dort untersuchten Veröffentlichungen beinhalteten 4.000 eine überwiegend zustimmende Aussage zu AGW, aber 8.000 enthalten sich einer Kommentierung, wie das in den Naturwissenschaften zu sozialpolitischen Fragen üblich ist. Das wirkliche Ergebnis dieser Untersuchung lautet also 32% Zustimmung, 1% Ablehnung und 67% wissenschaftliche Neutralität. In der Klimadebatte drängt sich damit ein Vergleich zu Giordano Bruno und Galileo Galilei auf, denen die Katholische Kirche einst das Ende der wissenschaftlichen Diskussion verkündet hatte. Damals stand die Wissenschaft auf Seiten der Katholischen Kirche. Heute steht sie auf Seiten der Klimawissenschaft, und das Ergebnis für kritische Erkenntnisträger lautet wieder einmal: „Die Diskussion ist beendet!"

Wie trennt die Klimawissenschaft eigentlich natürliche und menschengemachte Klimaeinflüsse?
Der CO_2-Anteil in der Erdatmosphäre steigt weiter, was nach allen veröffentlichten Klimamodellen zwingend zu einem Anstieg der globalen Durchschnittstemperatur führen müsste. Den vorliegenden Satellitendaten zufolge hat sich

aber die globale Durchschnittstemperatur seit fast zwei Jahrzehnten nicht mehr erhöht. In der Klimawissenschaft werden seither vermehrt Korrekturen an den historischen Thermometerdaten durchgeführt, die dann im Ergebnis einen weiteren Anstieg der globalen Durchschnittstemperaturen bestätigen sollen.

Was wollen wir eigentlich erreichen? Das von der Klimawissenschaft vermittelte Bild von einer direkten Abhängigkeit der globalen Durchschnittstemperatur vom atmosphärischen CO_2-Gehalt bleibt unbewiesen, hat aber tiefe Spuren in Politik und Gesellschaft hinterlassen. Die befürchtete Klimakatastrophe lässt uns nach einer „ausgeglichenen CO_2-Klimabilanz" und einer „nachhaltigen" Stromversorgung aus „erneuerbaren" Quellen streben.

Ein verheerender Tsunami in Japan mit einer vermeidbaren Reaktorkatastrophe hat uns dazu bewegt, die als technisch sicher geltenden deutschen Atomkraftwerke abzuschalten. Und wegen ihres „klimaschädlichen" CO_2-Ausstoßes würden wir mit unseren Kohlekraftwerken am liebsten ebenso verfahren.

Aktuell sind bei der Bundesnetzagentur 57 „nicht erneuerbare" Kraftwerke zur Abschaltung angemeldet. In unserer Zukunftsvision scheint die Versorgungssicherheit unserer Exportwirtschaft mit elektrischer Energie nicht länger die lebensnotwendige Grundlage unseres Sozialstaates zu sein.

Post-demokratisch

Werden bei einer Dekarbonisierung der Welt unsere verfassungsmäßigen Individualrechte respektiert?
Für den Wandel zu einer CO_2-freien Weltordnung fordern die wissenschaftlichen Berater der Bundesregierung (WBGU) in ihrer „Großen Transformation" einen „gestaltenden Staat" mit „erweiterte(n) Partizipationsmöglichkeiten". Diese Formulierungen beziehen sich anscheinend auf einen post-demokratischen Meinungsbildungsprozess, wie ihn die päpstliche Enzyklika „Laudatio Si" in Absatz 179 genauer beschreibt, wörtlich: „Über Nichtregierungsorganisationen und intermediäre Verbände muss die Gesellschaft die Regierungen verpflichten, rigorosere Vorschriften, Vorgehensweisen und Kontrollen zu entwickeln". Diese Formulierung entlarvt ein Rätesystem, das bei der politischen Meinungsbildung die verfassungsmäßigen Individualrechte durch eine erweiterte Mitsprache von Verbänden ersetzten will.

Dürfen wir unsere Verantwortung für die Zukunft aller Kinder und Enkel dieser Erde einfach an Politiker und Klimawissenschaftler delegieren?
Die Dekarbonisierung der Welt wurde bislang noch nicht zu Ende gedacht. Denn bei der politisch verordneten Stromversorgung aus Wind- und Solarparks gibt es noch immer keine Lösung für eine grundlastfähige Stromspeicherung als Ersatz der konventionellen Kraftwerke.

Bisher ignoriert die Klimawissenschaft den solaren Klimaantrieb in ihren Modellen, obwohl er nachweislich die natürlichen Klimaschwankungen unserer Erde bis hin zu den Eiszeitzyklen bestimmt.

Es mehren sich aber bereits wissenschaftliche Studien, die in den kommenden Jahrzehnten von einer Verringerung der Sonnenaktivität ausgehen. Eine neue „kleine Eiszeit" wäre die Folge, wie sie im Mittelalter bereits einmal mit Ernteausfällen, Seuchen und Hungersnöten eingetreten ist.

Es wäre fatal, wenn durch übereilte Maßnahmen gegen den befürchteten Klimawandel die ökologischen Ressourcen unserer Erde geplündert und die wirtschaftlichen Lebensgrundlagen der Menschheit gefährdet werden würden!

Entgrenzung – kein Volk, kein Staat, keine Nation

Veröffentlicht am 4. Juli 2016 auf Tichys Einblick

Jusos und Grüne Jugend fordern bei der Fußball-EM 2016 eine Enthaltsamkeit der deutschen Fans bei der Zurschaustellung von nationalen Symbolen, Zitat Grüne Jugend:

> *„Nationalismus ist eine Form von Patriotismus. Wer sich als patriotisch definiert, grenzt Andere aus… Zur Fußballeuropameisterschaft fordern wir alle Fans dazu auf, nationalistischem Gedankengut keinen Raum zu lassen! Fußballfans Fahnen runter!"*

Aber eigentlich beinhaltet bereits der Begriff „Mannschaft" für sich selbst ja eine Ausgrenzung. Schließlich spielen beim Fußball zwei Mannschaften gegeneinander, grenzen sich absichtlich durch das Tragen unterschiedlicher Trikots gegeneinander ab, spielen jeweils auf das Tor des solchermaßen ausgegrenzten Gegners und versuchen mit allen Kräften, dieses Spiel zu gewinnen. Und das ist natürlich überhaupt nicht gerecht, denn es gibt dann ja meist auch einen Verlierer. Wählen wir doch einfach alle vier Jahre medienwirksam eine Europa-sucht-den-Superfußballer-Auswahl, die wäre dann vollautomatisch Fußball-Europameister. Außerdem könnte man dort auch gleich noch Gendergerechtigkeit herstellen, eine zusätzliche Frauenquote einführen und alle wären dann zufrieden – und ausgrenzende Fußballspiele gehörten endlich einer dunklen Vergangenheit an.

17

Aber Spaß beiseite, denn dieser Wahnsinn hat ja System. Unser Staat, repräsentiert durch unsere demokratisch gewählte Regierung, hat die ihm zugedachte Rolle als übergeordneter neutraler Sachwalter unserer Verfassung längst verlassen und suhlt sich in den Niederungen hoch emotionaler Ideologien, aktiv unterstützt von einem Gesinnungsminister, den beiden christlichen Kirchen und vielen anderen gesellschaftspolitischen Träumern. Eine hysterische Meinungselite in unserem Land versucht gegenwärtig, den vorgeblich unmündigen und latent nationalsozialistisch veranlagten deutschen Bürger im Sinne ihrer Doktrin zu erziehen und hat dabei offenbar völlig vergessen, dass diese Demokratie allein vom mündigen Staatsbürger getragen wird.

Vielleicht überlegen wir einfach einmal, wer und was Deutschland eigentlich ist, oder anders ausgedrückt: Was ist das eigentlich für ein Land, in dem gewählte Volksvertreter an einer Demonstration teilnehmen, auf der ganz offen „Deutschland verrecke" gefordert wird, und die dann weiterhin in einem demokratisch gewählten Parlament oder gar in der auf diesen Staat und seine Verfassung vereidigten Regierung sitzen?

Gegen die Verkürzung der Geschichte

Entgegen den Aussagen der üblichen „Geschichtsversteher" liegt der größte Teil unserer deutschen Geschichte vor deren dunkelstem Kapitel und hat mithin überhaupt nichts damit zu tun. Aber der nationalsozialistische Mörderstaat hat rückblickend nicht nur unsere eigene Geschichte in Geiselhaft genommen, sondern auch denjenigen Teil unserer Sprache, über den sich alle anderen Nationen bis heute zu definieren pflegen.

In Wirklichkeit beginnt die „diutiske" Geschichte mit Konrad dem Ersten (* um 881), der im Jahre 911 als erster Ostfranke die Königswürde über den Ostteil des durch die Ungarneinfälle zerfallenden Frankenreichs Karls des Großen erhielt. Es bestand aus den Herzogtümern Franken, Schwaben, Bayern und Sachsen, die eifersüchtig über ihre eigenen Privilegien wachten und gleichzeitig den Ungarneinfällen hilflos ausgeliefert waren. Heinrich dem Ersten (*um 876) und insbesondere Otto dem Großen (23. 11. 912 – 7. 5. 973) gelang es in der Folge, eine innere Geschlossenheit dieses Ostreiches zu erzwingen und seine äußeren Grenzen zu stabilisieren.

Erst mit der Sicherung der Reichsgrenzen gegen die Einfälle der Ungarn durch die Schlacht auf dem Lechfeld (10. 8. 955) kann man dann tatsächlich von einem autonomen Staat sprechen. Dieses frühe deutsche Staatsgebilde unterlag in den folgenden tausend Jahren ungeheuren Umwälzungen und reduzierte sich schließlich auf die Bundesrepublik Deutschland, was heute in etwa dem Kernland der ursprünglichen Herzogtümer des fränkischen Ostreiches entspricht.

Die alte Bundesrepublik Deutschland baute nach dem Zweiten Weltkrieg mit ihrem sogenannten „Wirtschaftswunder"

auf einem streng egalitären demokratischen Staatsver-
ständnis auf, das von den jeweils gewählten Regierungen
auf Basis unserer freiheitlichen Grundordnung ausgespro-
chen nüchtern verwirklicht worden war.

Von der Bonner Republik zur Berliner Zivilreligion

Mit der medial geschürten gesellschaftlichen Panik um eine
angeblich vom Menschen gemachte globale Klimakatastrophe hat sich dann in diesem Jahrhundert ein moralisch-
technophober Imperativ in die deutsche Politik eingeschli-
chen, der von unseren gewählten Politikern und Moralisten
unterschiedlichster Zielrichtungen geschürt und getragen
wird. Inzwischen wird in unserem Lande die pseudoreligiöse
Auffassung verbreitet, wir müssten die ganze Welt retten
und es gäbe kein Volk, keinen Staat, keine Nation und keine
Grenzen mehr.

Was bedeuten also die heute als rechtsextremistisch verpönten Begriffe „Volk", „Staat" und „Nation" wirklich und
wozu sind eigentlich Grenzen gut? Vielleicht hilft uns Wikipedia bei der Suche (mit Hervorhebungen des Verfassers),
gerade weil Wikipedia nicht wissenschaftlich ist, sondern
volkshochschulig:

> **Volk** (*wikipedia/Volk*): *„Der mehrdeutige Begriff
> Volk bezeichnet eine Reihe verschiedener, sich teil-
> weise überschneidender Gruppen von Menschen, die*

aufgrund bestimmter kultureller Gemeinsamkeiten und Beziehungen und zahlreicher Verwandtschaftsgruppenmiteinander verbunden sind..."

Staat *(wikipedia/Staat):* „*... Mehrdeutigkeit des Staatsbegriffs...1.*

Der juristisch-völkerrechtliche Staatsbegriff bezeichnet als Staat „die mit ursprünglicher Herrschaftsmacht ausgerüstete Körperschaft eines sesshaften Volkes" (Jellinek). Häufig wird diese klassische „Drei-Elemente-Lehre", nach der ein Staat ein gemeinsames, durch in der Regel ausgeübte Gebietshoheit abgegrenztes Staatsgebiet, ein dazugehöriges Staatsvolk und die Machtausübung über dieses umfasst, um die Notwendigkeit einer rechtlichen Verfasstheit jener Gemeinschaft ergänzt..."

Nation *(wikipedia/Nation):* „*... bezeichnet größere Gruppen oder Kollektive von Menschen, denen gemeinsame Merkmale wie Sprache, Tradition, Sitten, Bräuche oder Abstammung zugeschrieben werden...*"

Grenze *(wikipedia/Grenze):* „*... Grenzen können geographische Räume begrenzen. Dazu gehören politische oder administrative Grenzen, wirtschaftliche-, Zollgrenzen oder Grenzen von Eigentum...*"

Wir erkennen hier also schon einmal eine sprachliche Über-
schneidung der Bedeutungen von Volk und Nation, während der Staatsbegriff selbst von sich aus mehrdeutig zu
sein scheint. Halten wir uns also an den völkerrechtlichen
Staatsbegriff, der sich ausdrücklich auch auf ein Staatsgebiet bezieht. Und ein solches Staatsgebiet hat dann eine
räumlich begrenzte Ausdehnung und somit zwangsläufig
auch Staatsgrenzen.

Der Fall Siebenbürger Sachsen

Mit diesen Definitionen für „Volk", „Staat" und Nation" wollen wir einmal die Siebenbürger Sachsen durch die Geschichte begleiten.
Deren Vorfahren waren bereits im 12. Jahrhundert, also in
den Kindertagen eines deutschen Staatsgebildes, in den
Karpatenbogen gezogen und hatten sich dort angesiedelt.
Damals begannen sich in ihren ursprünglichen Herkunftsge-
bieten die Begriffe Volk, Staat und Nation gerade einmal zu
manifestieren. Trotzdem haben die Siebenbürger Sachsen
über viele Generationen hinweg in höchst integrationsun-
williger Weise ihre ursprüngliche Sprache und Kultur bis ins
20. Jahrhundert hinein erhalten. Erst als Folge des Zweiten
Weltkriegs mussten sie dann in ihrer Mehrheit in die Bundesrepublik Deutschland übersiedeln und wurden dort auch
als deutsche Staatsbürger anerkannt. Nach acht Jahrhun-
derten eigenständiger Identität in einem fremd gebliebenen
Land sind die Siebenbürger Sachsen dann bereits in der

zweiten Generation spurlos in der Gesamtbevölkerung der Bundesrepublik Deutschland aufgegangen.

Diese „spontane Selbstintegration" der Siebenbürger Sachsen beruhte anscheinend auf der Selbsteinschätzung, sich sprachlich und kulturell dem Staat Bundesrepublik Deutschland zugehörig gefühlt zu haben, und zwar im Sinne der oben definierten Begrifflichkeiten von „Volk" oder „Nation".

Aber welche inneren und äußeren Grenzen implizieren dann einen solchen integrativen Staat? Betrachten wir einmal die jüngere Geschichte von Deutschland und Jugoslawien. Deutschland war nach dem 2. Weltkrieg für mehr als 50 Jahre in zwei Teile geteilt, die außerdem noch verfeindeten Machtblöcken angehörten. Und Jugoslawien war unter der Knute eines Diktators in dieser Zeit ein friedliches Land, dessen innere Widersprüche auch für interessierte Besucher nicht offen in Erscheinung getreten waren, obwohl es in seiner wechselvollen Geschichte über Jahrhunderte hinweg eine umkämpfte Pufferzone zwischen Islam und Christentum gewesen war.

In beiden Fällen waren in diesen Ländern also alle Menschen bis über das 50. Lebensjahr hinaus, also etwa zwei Generationen, in der beschriebenen Situation sozialisiert und aufgewachsen, ohne die möglichen Alternativen aus eigenem Erleben zu kennen. Als dann aber plötzlich die äußeren Zwänge wegfielen, vereinigten sich die beiden Teile Deutschlands friedlich und Jugoslawien zerfiel in einem blutigen Bürgerkrieg wieder in Kleinstaaten.

Was sagt uns das nun? – Eigentlich ist es doch ganz einfach: Deutschland war eine Nation, zu der sich beispielsweise auch die Siebenbürger Sachsen zugehörig gefühlt hatten, und bestand mehr als 50 Jahre lang aus zwei Staaten. Jugoslawien dagegen war ein Staat, der erst nach dem ersten Weltkrieg als Königreich aus Serbien, Montenegro und Teilen von Österreich-Ungarn entstanden war. Es hatte sich zuletzt aus den sechs Teilrepubliken Slowenien, Kroatien, Bosnien und Herzegowina, Montenegro, Mazedonien und Serbien mit den Autonomiegebieten Vojvodina und Kosovo zusammengesetzt und ist dann schließlich wieder in einzelne Nationen zerfallen.

Politisch künstliche Grenzen sind nicht dauerhaft

Ebenso besteht das heute noch belastende Erbe der Kolonialzeit übrigens nicht etwa in der damaligen völkerrechtswidrigen Ausbeutung dieser Völker, sondern in den Grenzziehungen zur Bildung von unabhängigen Nationalstaaten am Ende der Kolonialzeit. Damals wurden Völker und Nationen am grünen Tisch willkürlich getrennt oder zwangsweise in gemeinsamen Staaten zusammengepresst, was bis heute zu immerwährenden kriegerischen Auseinandersetzungen führt.

Auch der Traum von einem Vereinten Europa ist am grünen Tisch entstanden und wird von Politikern und Medien gebetsmühlenartig als ultimatives staatspolitisches Ziel für eine gemeinsame europäische Zukunft gepriesen. Der Brexit hat uns jetzt aber sehr deutlich vor Augen geführt, dass Europa lediglich ein Staatenbund aus Nationalstaaten ist, aus dem man auch einfach wieder austreten kann. Dieser Brexit stellt als Dominoeffekt nicht nur die gesamte EU in Frage, sondern auch die Einheit des Vereinigten Königreiches Großbritannien selbst. Denn auch das besteht aus kleineren nationalen Einheiten, und die Schotten wollen beispielsweise als eigene Nation weiterhin in der EU verbleiben.

Wenn man dann noch an die Auflösung der ehemaligen UdSSR, an Nordirland, Südtirol, das Baskenland oder aktuell an Katalonien denkt, dann hat es schon immer „Ausbruchsversuche" nationaler Minderheiten aus den Grenzziehungen von „Vielvölkerstaaten" gegeben, die nicht immer friedlich verlaufen sind. Offenbar fühlen sich Menschen, entgegen allen gesellschaftspolitischen Träumereien, in erster Linie einer gemeinsamen Nation verpflichtet, und zwar völlig gleichgültig, zu welchem Staatsgebilde diese Nation augenblicklich gehören mag.

Wer also ernsthaft glaubt, ohne Grenzen gäbe es eine bessere Welt, der möge doch bitte die Realität der Geschichte zur Kenntnis nehmen: Ein „innerer" Friede ist offenbar zwingend an eine räumliche Kongruenz von Volk, Staat und Nation gebunden, der „äußere" Frieden dagegen hängt anscheinend in erster Linie davon ab, ob ein Staat die Integrität seiner eigenen Staatsgrenzen sicherstellen kann und gleichzeitig fremde Staatsgrenzen respektiert. Beides sollten wir auch bei der Gestaltung einer Europäischen Union nicht aus den Augen verlieren.

Über alle Staatsgrenzen hinweg haben alle Menschen auf dieser Welt grundsätzlich die gleichen unveräußerlichen Menschenrechte, auch wenn diese Rechte nicht überall einklagbar sind. Dennoch können einzelne daraus hergeleitete Rechte in verschiedenen Staaten völlig unterschiedlich ausgestaltet sein. So basiert beispielsweise unsere Rentenversicherung auf einem „Generationenvertrag".

Ein solcher Vertrag setzt zwingend voraus, dass sich die jetzt aktuell für unsere Rentner einzahlende Generation sicher sein kann, später im Alter von der dann berufstätigen Generation finanziell unterhalten zu werden. Ein solcher Generationenvertrag gilt also nur zwischen vormaligen, gegenwärtigen und künftigen Einzahlern.

Vor diesem Generationenvertrag zur deutschen Rentenversicherung sind nun einmal nicht alle Rentner dieser Erde gleich. Die Siebenbürger Sachsen waren als anerkannte Angehörige unserer Nation zur Teilhabe an diesem Generationenvertrag privilegiert, wie auch alle Bürgerinnen und Bürger der ehemaligen DDR. Letztere leiden übrigens noch heute unter einer reduzierten Ost-Rente, weil die aktuellen Beitragszahler in einem Generationenvertrag eben finanziell nicht unbegrenzt belastet werden können.

Der Umkehrschluss aus den universellen Menschenrechten, dass nämlich alle Menschen überall auf dieser Welt zu jeder Zeit auch individuell genau die gleich Rechte besäßen, ist also genauso falsch wie der Glaube, unsere Sozialsysteme seien beliebig erweiterbar.

Integration kann nicht verordnet werden Es ist ebenfalls ein Irrglaube, dass alle Menschen genauso fühlen, denken und handeln wie wir selbst und eine spontane Selbstintegration im Übergang zwischen zwei unterschiedlich sozialisierten Kulturen für jedermann ganz einfach und zu jeder Zeit möglich sei. Gerade die Geschichte der Siebenbürger Sachsen führt uns nämlich die beiden Extreme zwischen dauerhafter Abgrenzung in einem fremden Land und vollständiger Integration der Zugewanderten ganz deutlich vor Augen.

Anscheinend steht auch die Integration sehr eng mit den Begriffen Volk, Staat und Nation in Verbindung und kann entgegen allen modernen gesellschaftspolitischen Dogmen offenbar von einer aufnehmenden Gesellschaft nicht erzwungen werden. Erfolgreiche Integration scheint vielmehr allein von dem aktiven Integrationswillen des zugewanderten Personenkreises abhängig zu sein.

Einer dünnen „Lackschicht" von etwa 200 Generationen in 4.000 Jahren Geschichte stehen zwei Millionen Jahre menschlicher Entwicklung und etwa 100.000 Generationen gegenüber, die unser soziales Verhalten geprägt haben. Allein die eigenständige Geschichte der Siebenbürger Sachsen umfasst mit 40 Generationen bereits ein Fünftel der überlieferten Historie.

Anstatt also entgegen allen Erfahrungen aus der Geschichte mit moralischem Wunschdenken und realitätsfremden Ideologien zum wiederholten Male vergeblich den „neuen Menschen" erzwingen zu wollen, sollten wir einen gewissen Respekt vor den verpönten Begriffen Volk, Staat und Nation aufbringen. Denn diese Begriffe beschreiben offenbar gewachsene Beziehungen zwischen Menschen und Kulturkreisen, die über sehr viele Generationen hinweg Bestand haben. Deren sichtbare und unsichtbare Grenzen, insbesondere ihre Überschneidungen und Überdehnungen, entscheiden letztlich über Not oder Wohlstand, über Integration oder Abgrenzung – und über Krieg oder Frieden...

Der Moralistenstadel macht Jagd auf den mündigen Bürger

Veröffentlicht am 18. Juli 2016 auf Tichys Einblick

Der mündige Bürger ist untergetaucht. Oder hat irgendjemand in der politischen Diskussion der letzten Jahre noch mal irgendetwas vom demokratischen Anspruch an den „mündigen Bürger" gehört, der einstmals als Souverän das Idealbild unserer demokratischen Gesellschaft dargestellt hatte?

Jetzt haben in unserem Land gesinnungsmoralische Eliten die öffentliche Meinung an sich gerissen und verordnen uns das, was wir ihrer Meinung nach zu denken haben. Klimakatastrophe, Energiewende und unbegrenzte Zuwanderung reißen sprachlose Löcher in das dünne Mäntelchen einer „gottgegebenen" Zuschauerdemokratie und spalten unser Land in „Gutmenschen" und „Rechte".

Ausgrenzung stellt die ultimative nicht justiziable Maßnahme gegen Andersdenkende dar und lässt den derart Ausgegrenzten im wahrsten Sinne sprachlos zurück. Soweit sind wir hier in diesem unserem Lande also in Glaubensfragen schon wieder einmal gekommen. In der Nazidiktatur und der DDR waren solche Ausgrenzungen bei gleichzeitiger ideologischer Indoktrination durch gleichgeschaltete Medien staatstragende Maßnahmen gegen Mitbürgerinnen und Mitbürger und der Anfang für deren systematische Verfolgung …

Ausgrenzung macht sprachlos

Und vor diesem geschichtlichen Hintergrund verkehrt sich das ständig öffentlich-rechtlich verkündete Schreckgespenst vom neuen Nazi diametral in sein Gegenteil: Denn augenblicklich grenzen Politik und Medien zunehmend den mündigen Bürger aus der öffentlichen Diskussion aus. Die teilweise fragwürdigen Aktionen für Klimaschutz, Energiewende und unbegrenzte Zuwanderung von steuerfinanzierten Gruppen und Grüppchen aber, die sich jeder demokratischen Kontrolle entziehen, werden politisch unterstützt und medial verharmlost.

Die augenblickliche Hetze gegen den Klassenfeind weist unübersehbare Parallelen zur chinesischen Kulturrevolution auf, wo staatlich indoktrinierte jugendliche Garden Jagd auf Intellektuelle gemacht hatten. Und hier bei uns macht jetzt eine ideologisch selbstgleichgeschaltete Medienlandschaft hysterisch Jagd auf den als „neuen Nazi", als „Rechten" verleumdeten mündigen Bürger, der es doch tatsächlich wagt, sich in einer gutmenschlichen Meinungsdiktatur überhaupt noch kritisch zu äußern.

Dieses unser Land gehört also wieder einmal selbsternannten Eliten, diesmal den neuen Moralisten. Und der „mündige Bürger", einstmals das Idealbild unserer Gesellschaft, steht inzwischen auf beiden Roten Listen, nämlich auf der roten Liste der aussterbenden Arten und auf der schwarzen Liste dieser selbsternannten Moralisten.

Der Moralistenstadel stinkt zum Himmel

Irgendwas ist oberfaul in diesem bundesdeutschen Moralistenstadel und stinkt zum Himmel. Meine Nachkriegsgeneration hatte einstmals diejenigen als Nazis kritisiert, die sich nicht gegen die damalige öffentliche Meinung gewehrt und zum Morden der braunen Schergen geschwiegen hatten. Und heute werden diejenigen pauschal niedergemobbt, die ihre Stimme gegen einen kranken Zeitgeist erheben.

Mit den antidemokratischen Entwicklungen in unserem Land erleben wir also gerade eine Renaissance des Meinungstotalitarismus. Denn die Bürgerinnen und Bürger haben in diesem Land nur noch dann eine Stimme, wenn sie einer staatlich verordneten Ideologie zustimmen. Im Umkehrbeweis sind also diese ständig medienpräsenten Meinungseliten selbst die neuen Träger einer totalitären Ideologie, oder um das hier noch einmal ganz barrierefrei zu formulieren:
Wer seine Meinung ganz offen zur Diskussion stellt, *der* ist ein aufrechter Demokrat und mündiger Bürger, solange er mit dieser Meinung auf dem Boden unserer freiheitlich demokratischen Grundordnung steht. Und wer sich eine solche Meinung gar nicht erst anhören will oder gar einen mündigen Demokraten wegen seiner kritischen Meinung von vorn herein aus dieser Gesellschaft ausgrenzt, *der* ist totalitär!

Bisher hatte ich nur mein selbstverständliches Grundrecht auf Meinungsfreiheit wahrgenommen. Jetzt aber habe ich Angst vor totalitären Gesinnungsmoralisten, ich bin misstrauisch geworden gegenüber dem moralisierend-beschönigenden Geschwätz unfähiger Politiker und offensichtlichen Auslassungen in den Berichten von ideologisierten Erziehungsmedien – und ich bin den Vätern des Grundgesetzes überaus dankbar für meine verfassungsmäßigen Bürgerrechte in dieser unserer Bundesrepublik Deutschland!

Es ist besser zu verlieren, als nicht gekämpft zu haben

In meinem ersten Lebensdrittel musste ich mich mit einer im Nationalsozialismus sozialisierten Elterngeneration auseinandersetzen, der vorgeworfen wurde, „nichts gewusst" und geschwiegen zu haben und die schwer traumatisiert war. Im zweiten Drittel habe ich dann mein Brot in der Erdölexploration verdient und war dort auch in der betrieblichen Mitbestimmung tätig. In meinem letzten Drittel, also nach meiner Pensionierung, wollte ich dann endlich nur noch ein ganz lieber Opa sein.

Wenn es aber tatsächlich so etwas wie „Generationengerechtigkeit" geben soll, dann kann ich jetzt nicht einfach „nichts gewusst" haben und zu diesem ganzen Unfug schweigen; das bin ich sowohl meiner Kritik an der vorherigen Generation als auch künftigen Generationen schuldig.

Vertraute Technologien gelten nur noch als große Gefahren

Veröffentlicht am 18. Juli 2016 auf Tichys Einblick

Glücklicherweise hatten sich einstmals die Gegner der ersten Eisenbahn mit ihren Befürchtungen nicht durchsetzen können, der Mensch müsse sterben, wenn er mit mehr als 30 Stundenkilometern vorwärts bewegt würde – denn sonst gäbe es heute ja keine Eisenbahnen.

Der industrielle Gebrauch von fossilen Energieträgern seit Beginn der Industrialisierung hat im Gegenteil unser Gesundheitswesen, unsere individuelle Lebenserwartung, unseren Lebensstandard, die Verfügbarkeit und die Qualität von Lebensmitteln, das Transportwesen, die Kommunikation und die allgemein für jedermann verfügbaren Technologien revolutionär und nachhaltig verbessert.

Im Angesicht der geplanten Dekarbonisierung unserer Welt sollten wir also nicht vergessen, dass sich durch die Industrialisierung die durchschnittlich pro Kopf verfügbare Energiemenge vom 18 bis 24-fachen des menschlichen Grundbedarfs in vorindustriellen Zeiten auf das heute 70 bis 80-fache vervielfacht hat. Auch unsere statistische Lebenserwartung hat sich durch die Industrialisierung in etwa verdoppelt, und all das beruht zwingend auf der Nutzung fossiler Energieträger.

Wir können unser Leben nur vor tatsächlichen oder vermeintlichen Gefahren schützen, wenn wir diese ganz aus unserm täglichen Leben verbannen, und das wird bis heute auch immer wieder versucht. Und eine solche „Vorsorge" wird üblicherweise sehr selektiv und weltanschaulich betrieben. Beispielsweise scheinen die schärfsten Raucherhasser offenbar alle Alkoholiker zu sein. Denn die EU schreibt zwecks paternalistischer Erziehung von „analphabetischen" Bürgerinnen und Bürgern jenseits von 18 Jahren inzwischen Horrorbildchen auf Zigarettenpackungen vor, für alkoholhaltige Getränke aber gibt es keine entsprechende Warnung. Dabei reden sich unsere EU-Politiker ja nicht nur gerne an irgendwelchen Traumwelten besoffen, sondern es soll auch schon vorgekommen sein, dass einige von ihnen besoffen öffentliche Reden gehalten haben. Es wäre also durchaus angebracht, solche Horrorbildchen auch für EU-Champagnerflaschen vorzuschreiben, beispielsweise mit abschreckenden Bildchen von besoffen grinsenden EU-Politikern.

Tatsächlich hat jede Technologie auch ihre Gefahren und alle technischen Gefahren in unserem Lebensumfeld können wir gar nicht beseitigen, es sei denn, wir beamen uns in die Steinzeit zurück – und werden dort dann „ganz natürlich" von einem Höhlenlöwen gefressen. Allein im Straßenverkehr starben 2010 in Deutschland 3.648 Menschen, und den könnte man rein theoretisch sogar noch verbieten. Dagegen gab es aber mehr als doppelt so viele Tote (7.533) durch Unfälle im Haushalt, und den kann man nun mal leider gar nicht verbieten.

Auf unseren Haushaltsgegenständen und –geräten fehlen also schon einmal all die bunten EU-Warnbildchen für Analphabeten. Aber dankenswerter Weise macht sich die EU-Bürokratie immerhin große Gedanken um den Stromverbrauch von Haushaltsstaubsaugern, deren Leistung per EU-Verordnung in Zukunft sogar noch weiter eingeschränkt werden soll.

Es bleibt hier aber einmal ganz nüchtern festzuhalten, dass in Deutschland jährlich etwa ebenso viele Selbstmorde verübt werden, wie es insgesamt Opfer im Straßenverkehr und bei Haushaltsunfällen gibt. Wikipedia gibt für 2013 die Suizidrate für Deutschland mit 12,5 pro 100.000 Einwohner an, was dann etwa 10.000 Suizide ergibt.

Nein, einen EU-Warnaufkleber für alle EU-Bürger fordere ich hier ausdrücklich nicht, denn am Ende stehen hier individuelle Technologieängste gegen eine statistisch nahezu verdoppelte Lebenserwartung. Aber gerade die kleinste Gruppe, die der Verkehrsopfer, wird dann immer wieder als drängendes Argument für irgendwelche ideologisch verschärfenden Maßnahmen im Straßenverkehr herangezogen, ohne überhaupt einen direkten Beweis über die Wirksamkeit solcher Maßnahmen erbringen zu wollen oder zu können. Dabei gibt die WHO für das Jahr 2013 die durchschnittliche Sterberate im Straßenverkehr für ganz Europa mit 10,3 auf 100.000 Einwohner an. Auf Deutschland bezogen bedeutet dieser europäische WHO-Durchschnittswert für 2013 dann theoretisch 8.240 Verkehrsopfer oder mehr als eine Verdoppelung gegenüber der tatsächlichen Opferzahl – und das bei immer noch (teilweise) freier Fahrt auf deutschen Autobahnen ...

Es haben sich bei uns jetzt aber diejenigen durchgesetzt, die eine friedliche Nutzung der CO_2 –freien Kernenergie verdammen. Sie haben sich in einem solchen Umfang durchgesetzt, dass selbst unser sogenannter „Atommüll", der weitgehend aus funktionsfähigem Kernbrennstoff besteht, „endgelagert" werden muss. Und weil diese „Endlagerung", die in Wahrheit nur eine Zwischenlagerung sein kann, über hunderte von Generationen andauern wird, drischt man publikumswirksam mit hoch moralischen Argumenten weiterhin auf diese unerwünschte Technologie und ihre Protagonisten ein.

Und deshalb wird auch eine bereits existierende, weiterentwickelte Reaktortechnologie zur radioaktiven Verbrennung unseres Atommülls, und zwar innerhalb eines Zeitraumes von wenigen Generationen, präventiv schon einmal ganz aus der gesellschaftlichen Diskussion über die „Atommüll-Problematik" ausgeklammert.

Ein selbsterlöschender Atomreaktor zur Erzeugung elektrischer Energie, der kein Druckgefäß benötigt und keinen „Atommüll" hinterlässt, sondern sogar noch welchen „frisst", wäre eigentlich ein genialer Wurf zur CO_2 - Vermeidung.

Aber haben Sie schon einmal irgendetwas vom Dual-Fluid Reaktor gehört?

Beim Erfinder, dem Institut für Festkörper-Kernphysik in Berlin, können Sie sich bei Bedarf gerne darüber informieren.

Das eigentliche Problem mit der Atomkraft in unserem Land wird sich daher auch gar nicht lösen lassen. Denn wer will schon ein atomares Endlager direkt vor seiner eigenen Haustüre haben, wenn er bereits panische Angst vor Fracking irgendwo in weit entfernten Öl- oder Gaslagerstätten hat?

Wir haben uns hier in Deutschland zu einer zutiefst technophoben Wohlfühl- und Freizeitgesellschaft zurückentwickelt, in der die Verteufelung des Bekannten und der kindliche Glaube an das Unbekannte fröhliche Urstände feiern, aber unsere industrielle Wertschöpfung keine Rolle mehr zu spielen scheint.

Wenn es um bekannte konventionelle Technologien geht, spricht man in unserem Land nämlich nur noch von Problemen und Risiken. Bei den sogenannten „nachhaltigen" Technologien zur vorgeblichen „Rettung des Weltklimas" durch das Erneuerbare Energien Gesetz (EEG) nimmt man dagegen alle ökologischen und ökonomischen Auswüchse klaglos als gottgegeben hin, die Verschandelung unserer Kulturlandschaft, den hundertausendfachen Tod von Vögeln und Fledermäusen und die exorbitanten Subventionen, die uns dafür per Gesetz als indirekte Steuerlast direkt aus den Taschen gezogen werden – und das alles ohne irgendwelche EU-Warnhinweise mit bunten Horrorbildchen.

Stattdessen sind bei der Umsetzung des EEG ungebremster Glaubenseifer und das „Prinzip Hoffnung" Bürgerpflicht. Man hofft kritiklos auf technologische Wunder, die dann im Irgendwann Berge versetzen und physikalische Gesetze sprengen sollen – wenn wir alle nur ganz fest daran glauben. Irgendwann wird es einmal in ganz Europa genügend Windkraftanlagen geben, um daraus einen ausreichenden und ständig konstanten Stromertrag zu erzielen, irgendwann wird es bezahlbare Speicher geben, um für windarme Zeiten Vorsorge treffen zu können und irgendwann einmal werden erneuerbare Energien viel billiger sein als die konventionell erzeugten. Aber wir haben ja Glaubensfreiheit und der Glaube stirbt bekanntlich zuletzt; man darf, man muss also immer weiter ganz fest daran glauben ...

So werden dann auch immer wieder die Durchschnittspreise an der Strombörse in Leipzig als Beweis für den Erfolg des EEG genannt, den die „bösen" Stromkonzerne einfach nicht an ihre Endkunden weitergeben wollen. Leider decken diese Durchschnittspreise aber nicht einmal die Selbstkosten der Energieerzeuger ab. Vielmehr ist darin auch der „Abfallstrom" enthalten, der durch eine EEG-Überproduktion zu Zeiten geringen Stromverbrauchs erzeugt wird und der notfalls sogar kostenpflichtig ins Ausland

„entsorgt" werden muss. Das wirkliche Problem ist nämlich nicht der Kohlestrom, sondern die unvorhersehbare Produktion von Grünstrom; diese „nachhaltige" EEG-Stromproduktion schwankt sehr viel stärker, als unsere Kohlekraftwerke ihre Stromerzeugung technologisch bedingt daran anpassen können.

Im Widerspruch zu diesen technischen Zwängen hatte der ehemalige Umweltminister Jürgen Trittin in einem Zwischenruf beim Streitgespräch mit Professor Fritz Vahrenholt am 30. November 2015 den Bürgerinnen und Bürgern unseres Landes die angebliche Krux der deutschen Energiewende folgendermaßen zu erklären versucht, Zitat, der Bezug ist in Klammern eingefügt:

> *„Das Problem ist, dass wir die Überproduktion [beim Strom] haben, weil die Kohlekraftwerke schlicht und ergreifend nicht abgestellt werden!"*
> (Quelle Phoenix: Unter den Linden spezial am 30.11.2015, Thema „Der Klimawandel – Das verdrängte Risiko?", Sendezeit 22:15 Uhr, hier Minute 19:10)

Wir sind inzwischen ja auch intellektuell ein tief gespaltenes Land. Dabei reichen eigentlich ein durchschnittliches schulisches Wissen in den Naturwissenschaften und etwas selbständiges Denken aus, um erkennen zu können, dass alle gegenwärtig auf unserer Erde lebenden Menschen dieses dekarbonisierte und voll erneuerbare Nimmerland nimmermehr erleben werden. Auch ein Herr Trittin dürfte sicherlich ganz genau wissen, dass es im Falle eines Abschaltens unserer Kohlekraftwerke zu einem vollständigen Blackout in Deutschland, wenn nicht gar in ganz Mitteleuropa kommen würde. Eigentlich müsste es also heißen:

> „Das Problem ist, dass wir schlicht und ergreifend eine Überproduktion beim EEG-Strom haben und die Kohlekraftwerke trotzdem nicht abgestellt werden können, weil sonst alles zusammenbricht!"

Bisher hat sich jedenfalls noch niemand getraut, mit einem „Veggieday" für Kohlekraftwerke den Gegenbeweis anzutreten...

Muttis Firesale – worüber unsere freien Medien nicht berichten wollen/können/dürfen

Veröffentlicht am 29. August 2016 auf Tichys Einblick

Unsere demokratisch gewählte Regierung und ihre freien Medien versuchen, uns die Welt mit zusammenhanglosen Einzelinformationen aus unserem eigenen, ganz persönlichen Blickwinkel zu erklären, gerade so, als gäbe es keinerlei faktische Hintergründe und Zusammenhänge.

Eine gewählte Regierung, die sich außerstande erklärt, die Grenzen unserer Bundesrepublik Deutschland zu schützen, empfiehlt uns jetzt für einen imaginären Krisenfall eine Vorratshaltung von Lebensmitteln, Wasser und Bargeld für 10 Tage. Dabei sollte das Bargeld doch eben noch zur vorgeblichen Unterbindung der Terrorismusfinanzierung ganz abgeschafft werden. Und plötzlich steht die Gefahr eines existenziellen Cyberangriffs im Raum, der unsere gesamte Infrastruktur lahmzulegen imstande sein soll.

Das ist seit Ende des Kalten Krieges ein einmaliges Ereignis. Seither hat es überall auf dieser Welt Kriege und Terrorangriffe gegeben, die NATO hat in den jugoslawischen Bürgerkrieg eingegriffen, die Diktatoren im Irak und Libyen wurden niedergebombt und unsere Bundeswehr hat am Hindukusch die freie Welt verteidigt. Haben Terroranschläge in westlichen Industrienationen oder Kriege auf dem Balkan, im Nahen und Mittleren Osten oder sonst irgendwo auf der Erde jemals zu Versorgungsengpässen in der westlichen

Welt geführt? Ist jemals eine komplette Infrastruktur, auch nur die eines Drittwelt-Staates, durch einen Cyberangriff lahm gelegt worden? – Nein!

Diejenigen, die in einem Großunternehmen arbeiten, kennen den Unterschied zwischen Internet und Intranet ganz genau. Wann und wo hätte jemals ein Internetangriff auch auf das Intranet eines Großunternehmens „durchgeschlagen"? Und welcher normale Intranet-Benutzer hätte einen unkontrollierten Zugriff auf die Prozess-Steuerungen in seinem eigenen Unternehmen?
Zwischen Internet, Intranet und den verschiedenen Stufen der Prozess-Steuerung liegen jeweils Firewalls, die einzeln überwunden werden müssen und die umso ausgeklügelter sind, je größer die Gefahr von Industriespionage oder Fremdeingriffen ist.

Worauf will unsere Bundesregierung uns vorbereiten?

Unsere Politiker propagieren für ihre planwirtschaftliche Energiewende das „smarte", internetgesteuerte Stromnetz der Zukunft und halten gleichzeitig einen Cyberangriff auf unser konventionelles analoges Stromnetz für wahrscheinlich. Will man uns tatsächlich allen Ernstes erzählen, ein einziger Internetangriff könne auf unsere gesamte Infrastruktur „durchschlagen"? Auf sämtliche mehrfach abgesicherten Prozesse, die oft völlig unabhängig vom Internet mit ganz unterschiedlichen Betriebssystemen gesteuert werden? Ist es eigentlich außerhalb von Hollywood schon einmal irgendwem gelungen, ein Kraftwerk von außen „digital" zu kapern? – Nein, denn gerade Kraftwerke sind üblicherweise steuerungstechnisch „veraltet", weil sie auf eine Lebensdauer von 50 und mehr Jahren ausgelegt sind und dort deshalb ganz unterschiedliche Generationen von Steuerungstechnik nebeneinander verwendet werden.

Aber wir sind trotzdem schon ganz nah an der Wahrheit, denn umgekehrt wird tatsächlich ein Schuh daraus: Wenn wir uns einmal die Berichte der Bundesnetzagentur über die Stabilität unserer Stromversorgung ansehen, dann müssen wir feststellen, dass sich die sogenannten Redispatch-Eingriffe (=Notfalleingriffe) in das sicherste Stromnetz der Welt durch die Einspeisung von EEG-Grünstrom allein von 2014 auf 2015 nahezu verdoppelt haben, und zwar von einer Eingriffshäufigkeit von 8.453 auf 15.811 Stunden. Anfang dieses Jahrtausends hatten noch zwei bis drei Notfalleingriffe im ganzen Jahr ausgereicht, um unser Stromnetz zu stabilisieren; diese Zahl hat sich inzwischen vertausendfacht.

Dieses vormals sicherste Stromnetz der Welt benötigt heute also mehr Eingriffe an einem einzigen Tag, als ursprünglich einmal im ganzen Jahr erforderlich waren. Und natürlich beinhaltet jeder dieser Eingriffe auch die Möglichkeit eines Anwenderfehlers oder eines Kommunikationsversagens. Und jetzt wird auch sofort deutlich, warum ein angeblich befürchteter „Cyberangriff" so katastrophal für unsere gesamte Infrastruktur wäre. Es reicht nämlich völlig aus, die Kommunikation zu einem einzigen konventionellen Kohlekraftwerk zu unterbinden, um an einem beliebigen Tag einen einzigen Notfalleingriff in unser Stromnetz wirkungsvoll zu verhindern. Das Ergebnis wäre dann tatsächlich ein Blackout in Deutschland und wahrscheinlich auch im benachbarten Ausland, also ein vollständiger Zusammenbruch unserer öffentlichen Stromversorgung.

Die Brandstifter alarmieren die Feuerwehr

Und ein Blackout unserer Stromversorgung würde zwangsläufig zu einem sogenannten „Firesale" führen. Lebensmittelversorgung, Wasserversorgung, Kommunikation, Zahlungsverkehr und vieles mehr würden unmittelbar zusammenbrechen und bürgerkriegsähnliche Unruhen und Plünderungen wären die Folge. Das weiß natürlich auch unsere Bundesregierung. Und plötzlich ergibt auch eine von unserer Bundesregierung beabsichtigte Maßnahme einen tieferen Sinn: die im Widerspruch zu unserer Verfassung ermächtigten Ordnungseinsätze der Bundeswehr im Inneren. Nur unsere Streitkräfte verfügen im Fall Firesale nämlich noch über ein eigenes Kommunikationssystem, das unabhängig vom öffentlichen Stromnetz betrieben werden kann. Und damit sind diese Streitkräfte dann auch die einzige verbliebene Ordnungsmacht, die in einem solchen Fall überhaupt noch einsatzfähig wäre.

Wenn wir Muttis Firesale jetzt also einfach mal auf den Namen Wladimir taufen, dann haben wir bei unserer Krisenvorsorge auch noch die vorgeblich von Russland ausgehende Kriegsgefahr angemessen berücksichtigt. Denn das Problem eines Blackouts unseres Stromnetzes mit einem anschließenden Firesale hat unsere gewählte Regierung mit dem Erneuerbaren Energie Gesetz, ihrer ideologischen Energiewende und der beabsichtigten Dekarbonisierung der Welt ja selber heraufbeschworen.

Man könnte also mit Recht sagen, dass die Frösche gerade mit Scheinargumenten vorgeben, den von ihnen selbst verursachten Sumpf trockenlegen zu wollen.

Das Problem unserer fortwährenden Desinformation sind aber weniger Muttis freie Medien, die nach 50 Jahren kritisch-unabhängiger Berichterstattung für mündige Bürgerinnen und Bürger schließlich zu einem regierungsnahen Erziehungsinstrument für eine unkritisch gewordene „Bevölkerung" verkommen sind. Denn die Pressefreiheit stellt für sich selbst ja keinerlei Qualitätsanspruch dar, im Gegenteil, unseren Medien steht es danach völlig frei, wem sie sich zu Diensten geben wollen.

Das eigentliche Problem ist vielmehr eine schweigende Mehrheit von gutgläubigen Bürgerinnen und Bürgern in unserem Lande, die weiterhin auf den Amtseid unserer gewählten Bundesregierung vertraut und die sich von Muttis freien Medien korrekt und umfassend informiert fühlt.

Schlimmer noch, es ist die Mehrheit in unserem Lande, die alles, was Muttis Medien nicht zu melden belieben, als nicht existent betrachtet und die jede nachträgliche Verknüpfung von zusammenhanglos vermittelten Medieninformationen für abstruse Verschwörungstheorien hält.

Wir wähnen uns bei der geplanten Dekarbonisierung der Welt auf dem vermeintlich sicheren Grund einer angeblich wissenschaftlich fundierten Mehrheitsmeinung, was aber gar nicht zutrifft.

Vielmehr steht unsere Industriegesellschaft auf den Schultern von Titanen, die einstmals nach Krieg und vollständiger Zerstörung unseres Landes eine soziale Marktwirtschaft auf der Basis von kohlenstoffhaltigen Energieträgern aufgebaut hatten. Und der sich subjektiv weiterhin gut informiert fühlende Durchschnittsbundesbürger hat längst vergessen, dass sein gegenwärtiger Lebensstandard ausschließlich auf genau denjenigen industriellen Errungenschaften beruht, die unsere Regierung jetzt mit planwirtschaftlichen Maßnahmen bekämpft und sukzessive zu zerstören sucht, um damit auf unsere Kosten vorgeblich das Klima der Welt zu retten …

Das Recht in der Krise – Und am Ende kam ich dort an, wo ich nie hinwollte…

Veröffentlicht am 7. September 2016 auf Tichys Einblick

Eine meiner ersten Aktionen nach der Rückkehr von einem längeren Arbeitsaufenthalt im Nahen Osten Ende der 1970-er Jahre war der Kirchenaustritt. Nein, Ursache dafür waren nicht die mehrheitlich freundlichen Menschen, an die ich noch manchmal zurückdenke. Beispielsweise erinnere ich mich noch sehr gut an einen etwa 8-jährigen Jungen und ein etwa 6-jähriges Mädchen, die bei über 40 Grad im Schatten eine alte Dodge-Wasserpumpe bewachen mussten und die mich mit erwachsenen Augen um eine Zigarette anbettelten…

Es war die dortige Gesellschaft, in der ich als einfacher Mitbürger ohne meinen „Fremdenbonus" die christlich-abendländischen Ideale des Neuen Testamentes, beziehungsweise die mir sehr viel näher stehenden Kant'schen Maxime, niemals hätte leben können; es waren die patriarchalischen Strukturen, der strenge Zwang zu Konformität und die enge Verknüpfung von Hierarchie, Macht und Recht – es war ganz einfach die gelebte Realität jenseits meiner basisdemokratisch geprägten Vorstellungswelt, in der menschliches Zusammenleben täglich neu ausgehandelt werden musste.

Fundamentalistischer Glaube und Terrorismus standen damals noch gar nicht auf der Tagesordnung – und auch heute schreckt mich ein ehrlicher religiöser Fundamentalist eigentlich wenig; denn Fundamentalismus ist zunächst einmal nur ein ganz persönlicher Ausdruck der eigenen Religiosität. So hatte ein fundamentalistischer Taxifahrer mittleren Alters meinen Kollegen und mich vor etwas mehr als einem Jahrzehnt durch Kairo chauffiert. Auf unseren schon sehr niedrig angesetzten „lokalen" Fahrpreis gab er uns dann auch noch Geld heraus. Mir soll jetzt niemand im Ernst erzählen, dass ein religiöser Fundamentalist, der einem Fremdgläubigen unaufgefordert einen ehrlichen Fahrpreis berechnet, diesem am liebsten den Kopf abschneiden würde.

Eine grundsätzliche Gleichsetzung von fundamentalistischem Glauben und Terrorismus erscheint mir daher eher fragwürdig. Es müssen zusätzlich zu einem religiösen Fundamentalismus offenbar auch noch radikalisierende Faktoren hinzukommen und diesen majorisieren, um schließlich Andersgläubige oder Andersdenkende zu Freiwild zu machen, beispielsweise ein jugendliches Alter und ein fanatisches Sendungsbewusstsein für eine bessere neue Welt – und Letzteres findet man recht ausgeprägt auch hier bei uns. Oder sind etwa staatsnahe Blogwarte und unrechtsbefreite Moralaktivisten für unsere freiheitlich-demokratische Gesellschaft wirklich nachhaltig zukunftsweisend?

Das wirkliche Problem ist, dass wir in jugendlich radikalisierte Fundamentalisten jeglicher Couleur nicht hineinsehen können. Aber wir sollten ihnen dann wenigstens nicht auch noch verständnisvoll eine beschönigende Opferrolle hinterhertragen, sondern konsequent die Grenzen unseres

Rechtsstaates aufzeigen. Aber stattdessen predigen uns in diesen Zeiten einer ideologischen Radikalisierung unserer Gesellschaft die beiden christlichen Kirchen im Chor mit linksgrünen Politiker-Innen, die Moral des Neuen Testamentes stünde von nun an über dem Gesetz …

Fundamentalisten mögen Fundamentalisten

Am Ende muss ich heute also feststellen, dass sich in diesem unserem Lande mit seiner ursprünglich einmal freiheitlich-demokratischen Grundordnung jetzt genau solche Strukturen krebsartig von oben hineinfressen, die ich ehemals nicht akzeptieren mochte. Und ich mag mir überhaupt nicht ausmalen, wie es später einmal aussehen wird, wenn wohlbehütete, ökologisch und genderkorrekt erzogene Wohlstandskinder und -enkel ohne „Fremdenbonus" ihr *Zusammenleben* mit Kindern, die viel zu früh erwachsene Augen hatten, *täglich neu aushandeln müssen*, wie das die Integrationsbeauftragte unserer gewählten Bundesregierung öffentlich von uns fordert.

Auf weltfremd moralisierende Politiker-Innen, auf staatstragende Lücken-Medien und auf die klerikalen Schönredner beiderlei Konfession würde ich deshalb in Zukunft gerne verzichten wollen. Sie etwa auch? Aber wenn man sich die Berichterstattung unserer Qualitätsmedien aus den vergangenen Monaten ansieht, dann könnten unsere demokratisch gewählten Bundestagsabgeordneten tatsächlich den Eindruck gewinnen, dass sie bei der Wahrnehmung ihrer verfassungsmäßigen Aufgaben in den Augen der Bürgerinnen und Bürger alles richtig gemacht haben und die momentane Politik unserer Bundesregierung nur von einer Minderheit am äußersten rechten Rand abgelehnt wird.

Nach den Landtagswahlen in Baden-Württemberg, Rheinland-Pfalz und Sachsen-Anhalt im März 2016 lautete die „brillante" Wahlanalyse, dass 80 Prozent der Wählerinnen und Wähler hinter der Flüchtlingspolitik von Frau Dr. Merkel stünden. Daran dürfte auch das aktuelle Ergebnis der Landtagswahl in Mecklenburg-Vorpommern wenig geändert haben, der überwältigende Zustimmungswert für Frau Dr. Merkel reduziert sich dort lediglich um eine erhöhte Wahlbeteiligung von 10 Prozent.

Kommunikation ist ja keine Einbahnstraße, und vielleicht könnte etwas Kritik aus der bürgerlichen Mitte zu einem Umdenkprozess im Raumschiff Berlin führen. Warum schreiben Sie nicht einfach mal an Ihren Bundestagsabgeordneten? Ihre Wahlkreisabgeordneten und deren E-Mail Adresse können Sie auf der Internetseite des Deutschen Bundestages ermitteln. Schließlich wäre es doch nur fair, wenn unsere Bundestagsabgeordneten rechtzeitig vor der Bundestagswahl 2017 erführen, was die Wählerinnen und Wähler wirklich bewegt – und dass es in unserem Lande nicht nur linientreue Volksgenossen und rechtsextreme Dunkelnazis gibt, sondern auch noch ein paar mündige Damen und Herren Bürger aus der gesellschaftlichen Mitte…

Hexenhammer Klimaglauben

Veröffentlicht am 4. November 2016 auf Tichys Einblick

Das Institut für Politikwissenschaft der Universität Wien hat sich in höchstem Maße um die Klimareligion verdient gemacht. Hier wurde im Mäntelchen einer offenbar längst verloren gegandgenen Wissenschaftlichkeit ein Hexenhammer veröffentlicht, der den deutschen „Klimaleugnern" endlich die Maske vom Gesicht reissen soll. Es handelt sich dabei um ein sogenanntes "IPW Working Paper No. 1/2013" vom Department of Political Science, Faculty of Social Sciences, University of Vienna.

Der Titel lautet: „KLIMASKEPTIKER IN DEUTSCHLAND UND IHR KAMPF GEGEN DIE ENERGIEWENDE". Zitat aus dem Vorwort:

> „...Es wird in dem Vorhaben ein wissenschaftlich fundierter Beitrag zum besseren Verständnis klimaskeptischer Akteure und Netzwerke, ihrer Argumente und ihrer Wirkungsweise geleistet..."

Nun kann die Politikwissenschaft selbst ja keinerlei wissenschaftlichen Beitrag zur Klimadiskussion leisten, geschweige denn, ein fachliches Urteil über jedwede klimawissenschaftlichen Details abgeben.

Folgerichtig werden in diesem Pamphlet unreflektiert alle Thesen des alarmistischen Klimamainstreams übernommen und den sogenannten „Klimaleugnern" im Gegenzug alle Vorurteile angehängt, die jemals in irgendwelchen alarmis-

tischen Klimablogs veröffentlicht wurden. Es ist völlig ausreichend, das Inhaltsverzeichnis dieses „politikwissenschaft-
lichen" Elaborates zu überfliegen, um dessen ideologischen
Standpunkt zu entlarven:

> 4. **Was sind Klimaskeptiker?** – *Klimaleugner und Wissen-
> schaftsskeptiker – Klimapolitik und Klimainstrumenten-
> skeptiker...*
>
> 5. **Positionen und Argumentationsmuster der Klimas-
> keptiker** – *Unsicherheiten in der Klimaforschung – Positi-
> vismus als Grundhaltung – Der Mensch ist nicht schuld –
> Das gab es schon immer – Verschwörungstheorie oder Ri-
> sikokommunikation*
>
> 6. **Strategien und Mittel der Klimaskeptiker** – *Fehlinfor-
> mation und „Rosinenpickerei" – Diffamierung der Klima-
> wissenschaftlerInnen...*
>
> 7. **Politische Motive und Interessen der Klimaskeptiker** –
> *Akteure der Energie- und energieintensiven Wirtschaft –
> EIKE – Europäisches Institut für Klima und Energie – Par-
> teipolitische Akteure aus CDU und FDP – Die Medien und
> ihre Vertreter – Verbindungen und Netzwerke ..."*

Offensichtlich war der betreffende politikwissenschaftliche
Klimalehrling nicht einmal bei der Wahl seiner Kapitelüber-
schriften willens oder in der Lage, einen letzten Anschein
von wissenschaftlicher Neutralität zu wahren. Vielmehr
wird hier im Stile der Boulevardpresse die „Message" gleich
in der Überschrift verkauft. Im Text finden sich folgerichtig
auch keine fundierten klimawissenschaftlichen Reflexionen.
Vielmehr wird dort jegliche wissenschaftlich relevante Kritik
(dort Punkte 1-8) am Paradigma des menschengemachten

Klimawahns in Bausch und Bogen als irrelevant abgewertet und den „Klimaskeptikern" zugeschrieben, Zitat von Seite, 23 letzter Absatz:

> „... *Aus Sicht der Klimaskeptiker sind Simulationen des Klimas noch gar nicht in der Lage, Partikel, Wasserdampf oder Wolken erfolgreich in die Modelle zu integrieren...*"

Danach ist offenbar das international renommierte Kernforschungszentrum CERN/Schweiz fest in den Händen deutscher „Klimaleugner", denn es macht genau die dort in Frage gestellte Aussage:

> ...*Firstly, we have shown that the most likely nucleating vapours, sulphuric acid and ammonia, cannot account for nucleation that is observed in the lower atmosphere. The nucleation observed in the chamber occurs at only one- tenth to one- thousandth of the rate observed in the lower atmosphere. Based on the first results from CLOUD, it is clear that the treatment of aerosol formation in climate models will need to be substantially revised, since all models assume that nucleation is caused by these vapours and water alone...* (Quelle: CERN)

Zusammenfassende Übersetzung [mit Ergänzung]: Aufgrund der ersten CLOUD-Ergebnisse muss die Behandlung der Aerosol-Bildung [für die Entstehung von Wolken] in Klimamodellen substantiell überarbeitet werden. Es handelt sich hierbei tatsächlich um die offizielle Presseerklärung der Europäischen Organisation für Kernforschung (CERN) vom 29. Juli 2011 zum Ergebnis des dort durchgeführten wissenschaftlichen CLOUD-Experimentes zur natürlichen Wolkenbildung.

Danach ist der Aerosol-Effekt bei der natürlichen Wolkenbildung also um einen Faktor von 10 bis 1.000 (!) mal kleiner, als es in den computergestützten Klimamodellen zur Berechnung der „menschengemachten" Klimakatastrophe fälschlicherweise zugrunde gelegt wird. Gleichzeitig wurde vom CERN eine bis zu 10-mal höhere Wirksamkeit für die Bildung von Kondensationskernen durch kosmische Strahlung (Svensmark-Effekt) nachgewiesen, als von Henrik Svensmark selbst postuliert worden war...

Wenn es noch eines Beweises bedurft hätte, dass sich Politikwissenschaft zunehmend auf das Marketing gesellschaftspolitischer Ideologien reduziert, dann ist der hier vollständig gelungen.

Eine Klarstellung zur medialen Begriffsverwirrung

Abschließend noch ein paar Worte zur sogenannten „Klimaskepsis", die man korrekterweise als „Skepsis gegenüber dem Klimaalarmismus" bezeichnen muss. Es gibt nämlich gar keine einheitliche Klimawissenschaft. Vielmehr liegt die

Lehre vom Klima unserer Erde in geologischen Zeiten (Paläoklima) bei Geologie und Geophysik, während die Lehre von den aktuellen Wettervorgängen in unserer Atmosphäre und deren Vorhersage zur Meteorologie gehört, die ebenfalls zu den Geowissenschaften zählt.

Paläoklimatologie und „vorrausschauende" Klimawissenschaften haben niemals eine einheitliche Basis für die natürliche Klimagenese auf unserer Erde entwickeln können. Die in den 1980-er Jahren neu aufgekommene „vorausschauende" Klimawissenschaft, die überhaupt erst mit der Entwicklung von leistungsfähigen Großcomputern („Numbercruncher") möglich wurde, hatte sich nämlich unter Mitwirkung erstaunlich vieler Wissenschaftler ohne jede paläoklimatische Grundausbildung, wie beispielsweise Mathematikern und theoretischen Physikern, als ganz neuer populäralarmistischer Wissenschaftszweig etabliert und in der Folge erhebliche Mengen an Forschungsgeldern abgegriffen.

Bereits in den 1970-er Jahren war in den Geowissenschaften die von Köppen und Wegener vertretene Theorie der Erdbahnschwankungen (Milanković-Zyklen) herrschende Lehrmeinung für den natürlichen (Paläo-)Klimawandel, die bis heute uneingeschränkten Bestand hat. Der frühe Klimaalarmismus der 1980-er Jahre „erfand" dann, völlig unabhängig von den Geowissenschaften, das dogmatische 2-Grad Temperaturziel sowie die öffentlichkeitswirksame Beziehung zwischen der globalen Durchschnittstemperatur und dem CO_2-Gehalt der Atmosphäre, die in den 1990-er

Jahren immer weiter ausgebaut und medial verbreitet wurde. Seit Beginn der 2000-er Jahre wird nun seitens der sogenannten Klimawissenschaften vermehrt versucht, CO_2 als alleinigen natürlichen Klimaantrieb zu etablieren.

Eine wissenschaftliche Abgrenzung zwischen den beiden konträren Ansätzen für den natürlichen Klimaantrieb wurde also niemals vorgelegt. Im Gegenteil, mit der Marginalisierung von natürlichen Klimaschwankungen in vorindustrieller Zeit (Stichworte Hockeystick-Kurve und Mittelalterliche Warmzeit) versucht der Klimamainstream permanent, einen alleinigen anthropogenen CO_2-Klimaantrieb zu begründen. Dafür haben sich dessen Protagonisten mittels fragwürdiger Verbiegung von statistischen Methoden sogar einen öffentlichkeitswirksamen 97%-Konsens zurechtgebastelt.

Insbesondere Geologen und Geophysiker gehören also, allein schon aufgrund ihrer wissenschaftlichen Ausbildung, potentiell zu den sogenannten „Klimaskeptikern", denn CO_2 kann als Ursache für die natürlichen Klimaschwankungen in der geologischen Vergangenheit sicher ausgeschlossen werden.

Nach den Ergebnissen von Eiskernuntersuchungen ist vielmehr der atmosphärische CO_2–Gehalt den natürlichen Änderungen des Paläoklimas immer erst mit einiger Zeitverzögerung gefolgt und kann somit gar nicht als Ursache für solche Klimaveränderungen herhalten.

Bereits Köppen und Wegener hatten es ausdrücklich für unnötig erklärt, sich in ihrem bahnbrechenden Werk „Die Klimate der geologischen Vorzeit" (Bornträger 1924) ernsthaft mit der Durchstrahlungstheorie von Arrhenius auseinanderzusetzen, auf die sich der CO_2-Klima-Mainstream heute üblicherweise zu berufen pflegt.

Es gehört übrigens zu den Insider-Witzen in den Geowissenschaften, dass die Vertreter des Klimaalarmismus ausgerechnet Alfred Wegener und seine wissenschaftlich viele Jahrzehnte lang bekämpfte Kontinentalverschiebungs-Theorie als Argument für die Richtigkeit ihres CO_2–Klimaantriebs heranziehen – und dabei gleichzeitig Wegeners gegenteilige Erkenntnisse über die Erdbahnschwankungen als natürliche Ursache von globalen Klimaveränderungen völlig ignorieren…

Sehr geehrter Herr Bundespräsident

Veröffentlicht am 6. November 2016 auf Tichys Einblick

Sie hatten Ihre Amtszeit einstmals unter das Motto „Freiheit" gestellt, und ich habe Ihnen das geglaubt. In einer Zeit, in der die bürgerlichen Freiheiten einer satten Mehrheit in unserem Lande viel zu selbstverständlich geworden waren, um auch nur noch den entferntesten Gedanken an die Verteidigung dieser Freiheiten zu verschwenden, sind Sie mit Ihrer Biographie und Ihrem Bekenntnis zur Freiheit das Licht am Ende des Tunnels gewesen.

Sie mögen zwar immer noch irgendeiner „Bevölkerung" nahe stehen, aber den mündigen Bürgerinnen und Bürgern sind Sie inzwischen weit entrückt. Wo ist heute Ihre Stimme, Herr Bundespräsident, wenn Bürgerinnen und Bürger als „Nazis" verunglimpft werden, nur weil sie ihren Unmut über den politischen Mainstream der neuen deutschen Einheitsparteien äußern?

Selbst Sie haben im August 2015 zu dieser Polarisierung unserer Gesellschaft beigetragen, in der Süddeutschen wurden Sie im August vergangenen Jahres folgendermaßen zitiert:

„Es gibt ein helles Deutschland, das sich leuchtend darstellt gegenübe dem Dunkeldeutschland".

Herr Bundespräsident, was bedeutet es eigentlich für unsere Demokratie, wenn Bürgerinnen und Bürger als „Nazis" bezeichnet werden, die sich auf Basis unserer freiheitlichen Grundrechte erlauben, anderer Meinung zu sein? Es kann doch wohl nicht wahr sein, dass heute in unserem Lande Menschen, die anders denken, als eine medial verbreitete Einheitsmeinung vorzugeben beliebt, mit Unmenschen, die damals auch solche andersdenkenden Menschen umgebracht haben, in einen Topf geworfen werden!

Herr Bundespräsident, Sie kennen den Unterschied zwischen Meinungseinfalt und Meinungsvielfalt aus eigener Erfahrung. Wissen Politiker, Medienvertreter und sonstige linientreue „Gutmenschen" eigentlich, was sie da tun, wenn sie Bürgerinnen und Bürger unseres Landes, die lediglich ihr Grundrecht auf freie Meinungsäußerung wahrnehmen, als Nazis diffamieren?
Hoffentlich nicht, denn sonst wäre es eine absichtliche Verharmlosung des Nationalsozialismus!

Herr Bundespräsident, Sie haben den Unterschied zwischen Demokratie und Diktatur selbst erlebt, und Sie kennen die deutsche Geschichte. Wikipedia sagt über den Nationalsozialismus, Zitat:

> „...Die 1920 gegründete Nationalsozialistische Deutsche Arbeiterpartei (NSDAP) gelangte unter Adolf Hitler am 30. Januar 1933 in Deutschland zur

Macht, wandelte die Weimarer Republik durch die ‚Gleichschaltung' in eine totalitäre Diktatur um und löste ab 1939 mit dem Polenfeldzug den Zweiten Weltkrieg aus. In dessen Verlauf verübten die Nationalsozialisten und ihre Helfer zahlreiche Kriegsverbrechen und Massenmorde, darunter den Holocaust an etwa sechs Millionen europäischen Juden (1941– 1945). Die Zeit des Nationalsozialismus endete mit der bedingungslosen Kapitulation der Wehrmacht am 8. Mai 1945..."

Indem verfassungstreue Demokraten in diesem unserem Lande ungestraft als Nazis ausgegrenzt werden dürfen, nur weil sie öffentlich eine von der aktuell herrschenden Einheitsideologie abweichende Ansicht vertreten, kehrt man im öffentlichen Diskurs die Täter-Opfer Beziehung des Nationalsozialismus um. Die Opfer des Nationalsozialismus waren „einfach nur anders", anders als es die damals herrschende Einheitsideologie erlaubt hatte, anders von Herkunft, anders im Glauben, anders in ihrer körperlichen und geistigen Ausstattung, anders in ihrer sexuellen Orientierung – oder einfach auch nur anderer Meinung.

Herr Bundespräsident, die Bezeichnung „Nazi" für Demokraten, die ihr selbstverständliches Grundrecht auf freie Meinungsäußerung wahrnehmen, ohne damit den Boden unseres Grundgesetzes zu verlassen, ist also eine bewusste

Verharmlosung von Kriegsverbrechen und Massenmorden und müsste eigentlich strafrechtlich verfolgt werden.

Sie, Herr Bundespräsident, sind das gewählte Staatsoberhaupt der Bundesrepublik Deutschland. Dieser Bundespräsident sollte nach dem Willen des Verfassungsgebers der Jahre 1948/49 eine integrierende, die Einheit des Staates und des Volkes repräsentierende Autorität sein (Bundesverfassungsgericht).

Herr Bundespräsident, damals, bei Ihrer Wahl, hielt ich Sie für den richtigen Mann am richtigen Platz. Warum aber erhebt derjenige Bundespräsident, der ausdrücklich die Freiheit zum Motto seiner Amtszeit gemacht hat, jetzt nicht seine Stimme für unsere demokratische Kultur und für die Meinungsfreiheit aller Bürgerinnen und Bürger in unserem Lande?

Eine der vielen Lebensweisheiten von Herrn Murphy, dem Lieblingsphilosophen aller Ölsucher, lautet, das Licht am Ende des Tunnels könne auch ein entgegenkommender Zug sein…

Mit einem freiheitlichen Glückauf!

Uli Weber

Die vollalimentierten Erben der 68-er Generation

Veröffentlicht am 19. November 2016 auf Tichys Einblick

Der Disput über die „bösen" 68-er, die heute sämtliche Schuld an Stiefmuttis aktuellen grünsozialistischen Einheitsbrei tragen sollen, ist absolut lächerlich. Es ist dem Autor ein ganz persönliches Anliegen, endlich einmal eine Lanze für diese 68-er Generation zu brechen, auf der im liberalkonservativen Lager ständig herumgehackt wird. Denn als später linksliberaler 68-er fühlt er sich dadurch zunehmend auch selber in die linksgrüne Ecke gestellt.

Was man auf die 68-er projiziert, trifft eigentlich auf ganz andere zu, nämlich auf die Erben dieser 68-er Generation, die unsere parlamentarische Demokratie offenbar für gottgegeben halten und unsere Sozialsysteme für einen unerschöpflichen Quell von natürlich sprudelnden Zuwendungen.
Einem normal denkenden Menschen muss es jedenfalls ein Mysterium bleiben, warum ausgerechnet diese Erbengeneration, die mit Atomausstieg, Glyphosatverbot und veganer Ernährung das Vorsorgeprinzip zum Goldenen Kalb unserer Zeit erhoben hat, jetzt ihre eigenen Kinder und Kindeskinder zu künftigen Zahlsklaven einer unreglementierten Einwanderungsgesellschaft verurteilt.

Das aber ist mit Sicherheit nicht die Mehrheitsposition der 68-er Generation, denn diese 68-er sind keine Wirtschaftswunderkinder, sondern die Kinder des Wiederaufbaus. Am Anfang bestand dieses sogenannte „Wirtschaftswunder" einfach nur aus wirtschaftlichem Mangel, Vollbeschäftigung mit harter Arbeit für die Elterngeneration und einem günstigen Wechselkurs für unsere D-Mark auf dem internationalen Warenmarkt. Der Wiederaufbau von Infrastruktur und Industrie nach dem 2. Weltkrieg dauerte dann bis in die 1960-er Jahre hinein, und erst sehr spät entwickelte sich parallel dazu schließlich auch eine Mittelschicht, die man dann tatsächlich als „Wohlstandsgesellschaft" bezeichnen kann.

Die Kinder und Enkel der 68-er sind dann direkt in diese Wohlstandsgesellschaft hineingeboren worden. Sie haben nicht gesehen, wie ihre Groß- und Urgroßmütter als Trümmerfrauen am Wiederaufbau unserer Städte mitgeschuftet haben, die damals so oder noch schlimmer ausgesehen haben wie heute beispielsweise Aleppo. Sie haben die ganze langsame wirtschaftliche Entwicklung unseres Landes nach dem Kriege nicht miterlebt, wo vereinzelt noch bis Anfang der 1960-ger Jahre Flüchtlinge (Heimatvertriebene) aus den ehemals deutschen Ostgebieten in ausgedienten Wellblechbaracken, sogenannten Nissenhütten, hausen mussten.

Und sie waren auch nicht dabei, als ihre Eltern, die 68-er, mit Engagement und Zivilcourage eine bis dahin theoretisch gelebte Demokratie im Ringen mit ihrer autoritären und im Nationalsozialismus sozialisierten Elterngeneration mit Leben erfüllt hatten.

Die vollalimentierten Erben der 68-er Generation

Diese 68-er Erben leben heute mit einem permanent schlechten Gewissen gegenüber einer deutschen Geschichte, mit der sie sich im Grunde niemals auseinandergesetzt haben und die sie zwangsläufig auf ein Nazideutschland reduzieren. Denn sie können überhaupt nicht verstehen, dass es ihnen heute wirtschaftlich so gut geht, ohne jemals selbst etwas dazu beigetragen zu haben.

Also halten sie den Sozialstaat ihrer Eltern, Groß- und Urgroßeltern für selbstverständlich und für ein allgemein gültiges Menschenrecht, das sie mit Freuden allen Mühseligen und Beladenen dieser Welt zur freien Verfügung anbieten.

Diesem Typus „glücksbesoffener Erbe in Feierlaune" hatte übrigens der Dichter Ludwig Uhland in seiner Ballade „Das Glück von Edenhall" ein mahnendes Denkmal gesetzt.

Die bösen 68-er sind also gar nicht der gesellschaftliche Feind der Konservativen, und außerdem sind diese 68-er alle schon in Rente, denn es handelt sich hier ja um jene Generation, die kurz vor, im und knapp nach dem 2. Weltkrieg geboren ist. Mit den immer wieder kritisierten 68-ern kann man daher bestenfalls die radikalisierten SDS-Restbestände aus der Endzeit der 68-er meinen, die als K-Gruppen schließlich, staatlich voll alimentiert, im linksgrünen Einheitsbrei aufgegangen sind. Solche 68-er gab es übrigens nur im Westen.

Im Osten sind die heutigen linkssozialistischen Populisten eher alte kommunistischen SED-Kader oder klerikal zurückgebliebene Träumer, die sich nach dem 1:1 Umtausch ihrer DDR-Sparguthaben nur mal schnell demokratisch gehäutet und mit einem Marsch in die Institutionen unsere etablierte Parteien unterwandert haben. Und als gelernte Ostkader haben sie selbstverständlich genügend Erfahrung darin, wie man die werktätige Bevölkerung systemkonform indoktrinieren und ruhigstellen kann.

Die überwiegende Mehrheit der westdeutschen 68-er Generation, inklusive der damaligen kritischen Studentenschaft, hatte sich im späteren Berufsleben jedenfalls voll in die soziale Marktwirtschaft eingebracht und ihren aktiven Beitrag für unseren Sozialstaat geleistet. Diese Generation, die den Wiederaufbau nach dem Kriege noch persönlich miterlebt hatte, kann die Errungenschaften unseres Sozialstaates deshalb auch aus eigenem Erleben würdigen und weiß, welche Anstrengungen sie selbst und die vorherige Generation dafür haben erbringen mussten.

Diese Mehrheit dieser 68-er Generation hatte damals auch überhaupt nichts mit dem Kommunismus am Hut und hat sich in der alten Bundesrepublik folgerichtig politisch knapp rechts oder links der ehemals politischen Mitte positioniert, was man an den damaligen Wahlergebnissen auch sehr deutlich ablesen kann. Bei der Bundestagswahl 1976 kamen beispielsweise CDU, SPD und FDP zusammen auf 99,1 Prozent der Stimmen, die „Sonstigen" erhielten alle zusammen lediglich 0,9 Prozent; und dieser Stimmenanteil „Sonstiger", inklusive der K- und N-Gruppen, hatte sich gegenüber 1972 überhaupt nicht verändert (Quelle: Wikipedia).

Man sollte also niemals vergessen, dass sich die Mehrheit der sogenannten 68-er Generation den bürgerlichen Freiheiten des Grundgesetzes verpflichtet fühlt, für deren gesellschaftliche Umsetzung sie einst mit ihren Protesten persönlich eingetreten waren. Selbst ein Rudi Dutschke bekannte sich damals übrigens eindeutig zur Wiedervereinigung Deutschlands (Wikipedia), was der linksgrüne Zeitgeist heute sicherlich mit einem enormen Shitstorm als typisch deutschnational verleumden würde.

Merkel schuf die parteipolitische Lücke

Für die Mehrheit der Alt-68-er geht der politische Wille jedenfalls einzig und allein vom Volk aus. Und eine staatstragende, aus der Steuerlast der Bürgerinnen und Bürgern alimentierte moralisierende Elite, die von oben herab eine gefühlsduselige Einheitsideologie vorgibt, widerspricht genau diesen basisdemokratischen Werten. Wenn man sich das neue gesellschaftliche Feindbild der linksgrünen Traumtänzer, die angeblich „frustrierten alten weißen Männer", einmal genauer anschaut, dann sind doch damit auch genau die Alt-68-er gemeint, die sich eben nicht durch autoritäre Vorgaben einer selbsternannten Meinungselite den Mund verbieten lassen. Menschen werden im Alter üblicherweise nicht flexibler, können dabei aber durchaus an Lebenserfahrung gewinnen. Daraus kann man dann sicher ableiten, dass sich die Mehrheit der 68-er Generation politisch gar nicht bewegt hat. Allerdings klafft nach dem Linksruck der Murxseldemokratur inzwischen genau dort eine parteipolitische Lücke, wo früher zwischen SPD und CDU die politische Heimat dieser 68-er Generation gelegen hatte.

Die viel gescholtene und dämonisierte AfD hat jetzt also genau diese Lücke besetzt und bietet sich damit zum Entsetzen der linksgrün-gewendeten Einheitsparteien als neue bürgerliche Mitte an. Vielleicht sollte man ja einmal untersuchen, wie groß die Schnittmenge zwischen potentiellen AfD-Wählern und einer immer noch „schweigenden Mehrheit" in unserem Lande wirklich ist …

Der Mensch zeigt vermehrt Aktivität, um einem gefühlten Mangel abzuhelfen oder um eine Belohnung zu erhalten. Ein opportunistisches politisches System, das im Zeitalter des Internets allein auf das digitale Feedback aus der Gesellschaft aufbaut, wird also eher mit vollalimentierten Aktivisten aus unzufriedenen oder vermeintlich benachteiligten Randgruppen jeglicher Couleur kommunizieren, als mit solchen Bürgerinnen und Bürgern, die unter dem ständigen Zeitdruck von Erwerbstätigkeit und Familienleben zum Bruttosozialprodukt unseres Landes beitragen. Und wenn sich in der Bewertung einer solchen Kommunikation dann die gesellschaftlichen Maßstäbe dergestalt verschieben, dass da-

bei die Interessen ebendieser schweigenden und wert-
schöpfenden Mehrheit völlig abgehängt werden, dann
kommt es zwangsläufig zu einer innenpolitischen Situation,
wie wir sie in unserem Lande gegenwärtig zu beklagen haben.

Denn da, wo die 68-er in der gesellschaftspolitischen Auseinandersetzung einstmals immerhin aus dem Fundus der
tatsächlichen Fakten geschöpft und dabei versucht hatten,
die eigene Position durch gezieltes Fokussieren und Weg-
lassen möglichst vorteilhaft darzustellen, wird uns heute
hochoffiziell und ganz platt vorgegeben, was wir als Staatsbürger gefälligst zu glauben und zu denken haben. Und üblicherweise baut die jeweilige Argumentation dabei fakten-
leer auf vordergründigen Scheinargumenten auf, mit denen
lediglich die entsprechenden gesellschaftlichen Gegenposi-
tionen skandalisiert und moralisch diskreditiert werden sollen.

Anstatt also die Signale aus einer allzu langsam erwachen-
den gesellschaftlichen Mitte aufzunehmen und politisch
umzusteuern, haben sich die politisch Verantwortlichen
hysterisch mit einem absolutistischen Unfehlbarkeitsdogma
umgeben und sich auf ein vermeintliches Alternativlos-
Szenario zurückgezogen. Bei manchen politisch Verantwortlichen ist heute sogar ein Rückfall in den gesellschaftlich
verfemt geglaubten Maasnahmenkatalog (Vorsicht Satire!)
eines totalitär-repressiven Machterhalts zu beobachten, der
zunehmend die verfassungsmäßigen Grundlagen unserer

Bundesrepublik Deutschland aushöhlt und die Glaubwürdigkeit der rechtsstaatlichen Institutionen, auch und insbesondere unserer Medien, bereits schwer beschädigt hat.

Unser Land ist inzwischen offenbar zu einem Selbstbedienungsladen für vollalimentierte Politiker und vorgeblich benachteiligte Randgruppen verkommen, während die etablierten Medien ihre Kontrollfunktion als „Wachhunde unserer Demokratie" längst an den Nagel gehängt haben.
Ein nicht zu vernachlässigender Teil der Menschen in unserem Lande scheint aber langsam zu erkennen, dass sich diese sogenannten Qualitätsmedien auf Kosten der schweigenden Mehrheit mit den neusozialistischen Einheitsparteien liiert haben und sich freiwillig auf die Absonderung eines politisch korrekten Einheitsmeinungsbreis beschränken. Damit gewinnen bei dieser noch schweigenden Mehrheit endlich auch solche unabhängige Medien an Glaubwürdigkeit und Gewicht, deren kritische Informationen, Analysen und Warnungen in den etablierten Qualitätsmedien schon seit geraumer Zeit keinerlei Niederschlag mehr finden.
Darüber hinaus irritiert es den Autor in letzter Zeit ganz erheblich, dass in den zeitgeistgesteuerten Empörungsmedien immer häufiger und völlig unreflektiert über den Krieg als mögliche Lösung für politische Konflikte berichtet wird...

Kultur und Moral sind nur eine ganz dünne Lackschicht auf einer steinzeitlichen menschlichen Psyche. Offenbar führt aber die Steigerung von Wohlstand zwangsläufig in eine

Dekadenz, in der dann die steinzeitlichen Zwänge zur Erfüllung der menschlichen Grundbedürfnisse, nämlich Nahrung und (Wärme-)Energie, durch ein Übermaß an ständig verfügbarer Nahrung und Zerstreuung völlig in den Hintergrund gedrängt werden. Die Grundlage für all die hochemotionalen gesellschaftlichen Illusionen, die momentan politisch und medial verbreitet werden, bleibt aber allein unser Wohlstand, der unmittelbar von der Produktivkraft unseres Landes abhängig ist. Und mit hochmoralischen Weltrettungsphantasien, wie Klimarettung durch eine EEG-Energiewende und offene Grenzen für alle Beladenen dieser Welt, sind wir gerade dabei, diesem Wohlstand nachhaltig abzuhelfen.

Der vollvegane Ansatz, dass einstmals Wolf und Lamm [friedlich] beisammen weiden werden (Jes.65.25), ist lediglich eine christliche Verheißung, die zwar unsere staatstragenden Endzeitmoralisten in ihrem weltumarmenden Entzücken befeuern mag, die man aber in anderen Kulturkreisen auf dieser Erde durchaus für einen Auszug aus der Speisekarte der Wölfe halten könnte.

Die Welt ist nun mal kein Streichelzoo und wird es niemals werden — auch wenn man uns heute mit allen Mitteln des demagogischen Nudgings einen globalmoralischen Paternalismus einzutrichtern versucht. Eine verstörende Erkenntnis der gemäßigten 68-er war damals übrigens, dass artiges Argumentieren nicht viel bringt — erst wenn Steine das Fliegen lernen, hagelt es plötzlich Gesprächsbereitschaft...

Gott schütze Deutschland!

Veröffentlicht am 26. November 2016 auf Tichys Einblick

Was wir hier gerade miterleben müssen, ist nicht etwa ein Ergebnis der wirtschaftlichen Globalisierung, wie man uns gerne glauben machen möchte, sondern die Entstehung einer Neuen Grünsozialistischen Internationale.

In unserem Land ist eine politisch korrekte Abschaffung von identitätsstiftenden Begrifflichkeiten unübersehbar, angefangen mit der Fußball-Nationalmannschaft, die als „Die Mannschaft" anonymisiert wurde, bis hin zur Umwidmung der Bundesrepublik Deutschland in ein internationales Einwandererlager mit offenen Grenzen. Schauen Sie noch ein letztes Mal in Ihren Pass, noch sind Sie „deutsch", realpolitisch sind Sie aber längst heruntergestuft zu einem derjenigen, „die schon länger hier leben" – was man übrigens genauso über die Indianer zu Beginn der Besiedelung Nordamerikas sagen kann …

Aber wie kommt unsere Bundeshaushälterin Frau Dr. Merkel eigentlich dazu, ihren Dienstherren, den Souverän der Bundesrepublik Deutschland und damit alle Bürgerinnen und Bürger unseres Landes, als „die schon länger hier leben" abzuqualifizieren und damit implizit all denen, „die neu dazu gekommen sind", vergleichbare Rechte an unserem Land und seinen in vielen Generationen hart erarbeiteten Errungenschaften zuzusprechen?

Während man einer Pegida eben noch vorgeworfen hatte, ihre Proteste gegen eine unkontrollierte Zuwanderung nach Deutschland seien wegen der tatsächlichen Zahlen für den Freistaat Sachsen völlig unangemessen, treiben die gewählten Staatsorgane in permanenter Negierung von Amtseid und geltendem Recht grundlegende Veränderungen unseres Landes weiter intensiv voran. Nach der hochoffiziell kritisierten Schließung der Balkanroute werden heute diejenigen, „die neu dazu kommen", zunehmend hierher eingeflogen, als handele es sich bei der Bundesrepublik Deutschland um das gelobte Land, in dem alle Welt vollautomatisch Bleiberecht und Sozialleistungen beanspruchen kann.

Mit „Umvolkung" meinten die tatsächlichen Nazis die Germanisierung großer Teile Osteuropas. Wie wollen wir das Geschehen innerhalb Deutschlands heute nennen, Frau Merkel?

Oder haben Sie diese Frage mit denen, „die schon länger hier leben" und denen, „die neu dazu gekommen sind", schon beantwortet?

Wie wäre es mit Entdeutschung? Außen auf dem Reichstag steht noch „Dem deutschen Volke", im Innenhof steht seit 2000: „Der Bevölkerung". Wann wird das auch draußen stehen?

Wie fühlt es sich eigentlich an, kein privilegiertes Mitglied des Deutschen Volkes zu sein, sondern nur noch irgendein Typ, der halt schon etwas länger an irgendeiner beliebigen

Bushaltestelle herumlungert als die später Dazugekomme-
nen?

Unser Land ist aber keine Bushaltestelle, und unser Grundgesetz ist keine Freifahrkarte für eine unregulierte Zuwanderung in unsere sozialen Netze. Unser Land hat eine lange
Geschichte und baut auf den Leistungen unzähliger Generationen unserer Vorfahren auf. Es entspricht zwar einem
kranken Zeitgeist, diese tausendjährige Geschichte auf ein
selbstermächtigtes „Tausendjähriges Reich" und die Leistungen unserer Vorfahren auf die Verbrechen der Nazige-
neration zu reduzieren – aber ein solches linksgrünes
Selbstbild von deutscher Geschichte ist willkürlich überfo-
kussiert.

Und das gemeinsame Erbe unserer Vorfahren verpflichtet
ausdrücklich die jetzt lebenden deutschen Staatsbürger zum
Erhalt und zur Weitergabe der überkommenen und der neu
geschaffenen Werte an zukünftige Generationen. Oder ist
Deutschland etwa ein völlig durchgeknallter Sportverein, in
dem die Mitglieder gefälligst weiterhin brav ihre Beiträge
zahlen müssen, während Nichtmitglieder nach eigenem
Gutdünken kostenfrei an allen Veranstaltungen teilnehmen
dürfen?

Wenn in einer solch angespannten innenpolitischen Situation der Politikwissenschaftler Herfried Münkler auf Deutsch-
landradio Kultur sagt, „Große Teile des Volkes sind dumm",
dann ist dem grundsätzlich nichts entgegenzuhalten. Außer
vielleicht, dass der Herr Professor mit der definierten Ziel-

gruppe und seiner argumentativen Begründung den Blickwinkel eines völlig abgehobenen linksgrün-elitären Mainstreams bedient und damit als Wissenschaftler diametral danebengegriffen hat. Denn nicht etwa diejenigen Bürgerinnen und Bürger sind dumm, die eine total abgedrehte Politschickeria kritisieren, sondern diejenigen, die dieser Schickeria und ihren zwangsbeatmeten medialen Volltönern noch immer blindes Vertrauen entgegen bringen.

Dabei handelt es sich offenbar mehrheitlich um durchaus gebildete und öffentlich-rechtlich wohlinformierte Menschen aus der bürgerlichen Mitte, die sich das Abdriften der etablierten Parteien ins linksgrüne Milieu von deren Claqueuren als Rechtsruck unserer Gesellschaft haben verkaufen lassen, geschwurbelte Allgemeinplätze für eine zukunftsweisende Realpolitik halten und die deshalb bei der nächsten Bundestagswahl den linksgrün gewendeten Einheitsparteien ihre Wählerstimmen freiwillig in den Rachen schmeißen werden. Die daraus abzuleitende Perspektive kann man wohl nicht besser beschreiben, als mit einem Schlachtruf der 68-er Generation: „Nur die allerdümmsten Kälber wählen ihren Metzger selber".

Was ist eigentlich zwischen 2009 und 2016 mit unserer Bundesrepublik Deutschland geschehen?

Heutzutage würde es wohl kaum noch jemand wagen, eine Rede zu halten, wie der damalige Bundespräsident Horst

Köhler beim Staatsakt zum 60-jährigen Bestehen der Bundesrepublik Deutschland am 22. Mai 2009 in Berlin mit dem Titel „Die Verfassung der Freiheit", wo er zum Schluss ausgeführt hatte, Zitat:

> „... *Wir wollen Politik mit langem Atem machen. Wir wollen sie an langfristigen Zielen ausrichten, damit auch unsere Kinder und Enkel die Chancen der Freiheit nutzen können.*
>
> *Wir wollen unsere politische Ordnung auf allen Ebenen so weiterentwickeln, dass jeder Bürger erlebt: Demokratie, das sind wir alle.*
>
> *Wir wollen uns nicht größer machen, als wir sind. Aber auch nicht kleiner. Wir wollen unserer Verantwortung als Land in der Mitte Europas gerecht werden, und wir wollen anderen über die guten Erfahrungen berichten, die wir mit der Demokratie und mit unserer Sozialen Marktwirtschaft gemacht haben.*
>
> *Wir blicken zurück und erkennen: Wir haben viel gelernt und viel geleistet. Wir können stolz sein auf das Erreichte. Wir sind uns der neuen großen Herausforderungen bewusst. Wir stellen uns ihnen mit Selbstvertrauen. Wir werden uns bewähren.*
>
> *Gott segne unser Land!"*

Nach solchen Worten würde heute vermutlich ein ungeheurer medialer Shitstorm durch unser ungeschütztes Niemandsland fegen. Alternativlose Einheitspolitiker, Karl-Eduard von Schnitzlers Erben aus den meinungsgebenden Umerziehungsmedien und vollalimentierte grün-klerikale Gut-, Besser- und Allerbestmenschen würden sich in ihren verbalen Hasstiraden gegenseitig überbieten und den betreffenden Sprecher in der Luft zerreißen, ohne dass irgendein steuerfinanzierter Maasi-Blogwart die Notwendigkeit sehen würde, hier etwa wegen Hate-Speech eingreifen zu müssen. Und der amtierende Bundespräsident, der seine Amtszeit ausdrücklich unter das Motto „Freiheit" gestellt hatte, würde sich bestenfalls in Schweigen hüllen.

Haben die gutbürgerlichen Mitläufer einer als alternativlos vorgegebenen Einheitsideologie eigentlich jemals ihre Informationen aus Politik und staatstragenden Medien eigenverantwortlich hinterfragt, beziehungsweise in einer ruhigen Minute einmal darüber reflektiert, ob man sie vielleicht ideologisch indoktriniert haben könnte? Oder fehlt ihnen als typisch deutschen Untertanen im Angesicht einer amtlich vorgeschriebenen Mehrheitsmeinung einfach nur die Zivilcourage?
Es ist jedenfalls höchst verstörend, dass nach zwei Diktaturen auf deutschem Boden im gerade abgelaufenen 20. Jahrhundert eine Mehrheit der Deutschen schon wieder bereit ist, sich selbst als moralisch überlegene Anhänger einer alternativlosen Einheitsideologie zu feiern und die Kritiker dieser Entwicklung als nicht satisfaktionsfähige Hassobjekte gesellschaftlich auszugrenzen...

Wir Deutschen sind erpressbar geworden, weil wir keine eigene Geschichte mehr haben

Veröffentlicht am 8. Dezember 2016 auf Tichys Einblick

Wir Deutschen schämen uns ja schon mal präventiv für jeglichen Widerstand gegen irgendwelche Autoritäten oder Machthaber. Bestenfalls die Revolution von 1848/49 mit der Paulskirche und der Kieler Matrosenaufstand sind, wenn überhaupt, im demokratischen Bewusstsein der Bundesrepublik Deutschland verankert, und hoffentlich auch noch der vergebliche deutsche Widerstand gegen die Nazidiktatur.

Aber Hermann der Cherusker, Widukind der Sachse, Heinrich der Erste und Otto der Große, die Bauernkriege, der geschichtliche Zusammenhang zwischen der Turnbewegung von Friedrich Ludwig Jahn, der Ur-Burschenschafts-Bewegung, dem Lützow'schen Freikorps und den Befreiungskriegen gegen Napoleon sind bis heute in ihrer geschichtlichen Bedeutung für unsere Demokratie stark unterentwickelt oder gleich ganz in Nazihand verblieben.

Die Väter unserer Bundesrepublik Deutschland und alle ihre politischen Erben haben also komplett darin versagt, den Nazis diese von ihnen für ihre Zwecke verbogenen Ereignissen für unsere demokratische deutsche Geschichte wieder zu entreißen. Es war bezeichnender Weise die DDR, die jene demokratischen Phasen und Bewegungen für sich reklamierte. Für den Autor als gebürtigen Schleswig-Holsteiner waren das „Up ewig ungedeelt" seines Heimatlandes, der dichterische Ausruf von Liliencrons Pidder Lüng, „Lewwer duad üs Slaav!", und die Dithmarscher Bauernrepublik mit ihrem Schlachtruf „Wahr di Gaar, de Buur kumt!" lange Zeit einfach nur Lokalkolorit – aber sind das nicht auch alles Mosaiksteine einer demokratischen deutschen Kultur und einer wehrhaften demokratischen Geschichte?

Einer demokratischen deutschen Geschichte, die in vorstaatlicher Zeit von der erfolgreichen Abwehr imperialer römischer Vereinnahmung berichtet, die vom vergeblichen Kampf gegen eine christliche Zwangsmissionierung durch Karl den Großen zeugt, die unsere Staatswerdung unter Heinrich dem Ersten und Otto dem Großen beschreibt, die das Aufbegehren der Bauernschaft gegen den Machtmissbrauch autoritärer Machtstrukturen dokumentiert und die schließlich die Herleitung der deutschen Nationalfarben Schwarz-Rot-Gold aus den Uniformfarben des Lützow'schen Freikorps in den Befreiungskriegen unseres Landes gegen die Besetzung durch Napoleon und seine Armeen erklärt.

Das sind zweitausend Jahre germanisch-deutsche Geschichte – und wir reduzieren diese unsere Geschichte allein auf deren dunkelstes Kapitel von 12 Jahren Nazidiktatur mit ihren grausamen Verbrechen gegen die Menschlichkeit?

Bis heute fehlen uns im öffentlichen Diskurs die demokratischen Wurzeln für eine historisch faire Würdigung unserer

Bundesrepublik Deutschland. Dort lassen wir uns vielmehr freiwillig auf eine verkürzte Nazi- und Anti-Nazi-Geschichte reduzieren, die alle Anzeichen einer permanenten Autogehirnwäsche in sich trägt. Und wer es daher versteht, diese Anti-Nazi-Keule richtig einzusetzen, besitzt unsere Geschichte und kann damit dann alle unabhängig denkenden Demokraten als Nazis in die rechte Ecke nageln. Wir sind also heute und offenbar noch viel mehr als bereits vor fünfzig Jahren, eine vom Nationalsozialismus tief traumatisierte Gesellschaft.

Aber haben wir dann wenigstens aus dieser Nazigeschichte gelernt? Heute erfreut sich unsere Bundesrepublik Deutschland noch immer einer stabilen „gottgegebenen" Demokratie. Aber eine weitgehend apolitische Generation von emotional hoch empörten Erben (1) in diesem unserem Land scheint sich inzwischen, mit aufopferungsvoller Unterstützung von Politik und Medien, in einer christlich-moralischen Reconquista über unsere Verfassung und die geltenden Gesetze zu erheben.

Es mag sich daher lohnen, einmal etwas schärfer hinzusehen: Diese Demokratie wurde der Urgroßelterngeneration (4) dieser apolitischen Moralisten (1) von den Siegern des 2. Weltkrieges zurückgegeben, nachdem deren Elterngeneration (5) nicht gut genug auf ihre nach dem 1. Weltkrieg aus eigener Kraft erworbenen demokratischen Rechte aufgepasst hatte, die übrigens das spätere Ergebnis des bereits erwähnten Kieler Matrosenaufstandes gewesen waren. Den kleinen Gefreiten aus Österreich hatte eine Mehrheit von politisch Desinteressierten (5) am Anfang nämlich nicht so ganz ernst genommen, obwohl er seine Pläne ja rechtzeitig genug öffentlich gemacht hatte; und dabei waren diese Menschen damals nicht wirklich dümmer als wir heute. Das änderte sich dann allerdings sehr nachhaltig mit dem Ermächtigungsgesetz, über das nicht einmal mehr alle gewählten Abgeordneten des Reichstages Kraft ihres Mandates abstimmen durften. Danach wurde die politische Opposition abgeschafft, und die Medien mutierten unter staatlicher Zensur zum Sprachrohr der solcherart Ermächtigten.

Mit gleichgeschalteten Medien und ohne parlamentarische Opposition entwickelte sich dann in kurzer Zeit eine staatstragende Einheitsideologie, die das Volk der Dichter und Denker in einen moralischen Abgrund geführt hat, in dem der Tod ein Meister aus Deutschland war.

Selbstermächtigte Herrschaftseliten mit einem öffentlichen Meinungsmonopol haben also in einer Bürgerdemokratie grundgesetzlich nichts verloren, schon einmal gar nicht, wenn sie auch noch alternativlose Ziele verfolgen. Ein guter Freund hatte es einmal so ausgedrückt, *unser Grundgesetz sei von alten weisen Männern im Angesicht der Nazidiktatur formuliert worden, um einen erneuten Übergriff unseres Staates auf die bürgerlichen Grundrechte zu verhindern ...*

Es bleibt heute aber leider festzustellen, dass wir offensichtlich noch nicht einmal aus unserer freiwillig verkürzten Nazigeschichte gelernt haben. Denn gerade jetzt haben es sich selbsternannte moralische Führungseliten in unserem Lande mit alternativlosen politischen Zielen jenseits von Recht und Gesetz zur Aufgabe gemacht, eine vorgeblich naziverseuchte deutsche Bevölkerung umerziehen zu wollen; die Informations- und Deutungshoheit in der Öffentlichkeit wird bereits von freiwillig selbstgleichgeschalteten oder politisch abhängigen Medien ausgeübt und von unserer gewählten Regierung ermächtigte Stasi-Blogwarte ohne parlamentarische oder gesetzliche Legitimation haben inzwischen schon angefangen, die pauschale Abschaltung Andersdenkender zu betreiben.

Alle alternativlosen Machtpolitiker geben vor, immer nur das Beste für ihre gute Sache anzustreben, aber Diktatur erkennt man üblicherweise erst daran, dass es inzwischen zu spät geworden ist, um sich dagegen noch wehren zu können. Deshalb sollten alle wirklichen Demokraten in unserer Bundesrepublik Deutschland jetzt ganz fest zu unserer Verfassung stehen und sich nicht von einer moralisch ferngesteuerten öffentlichen Meinung in irgendeine rechte Ecke abdrängen lassen.

Ein traditionelles Weihnachtsfest und ein freiheitliches neues Jahr wünscht allen Demokraten

Uli Weber

Über die Moral des Schweigens

Veröffentlicht am 15. Dezember 2016 auf Tichys Einblick

Es dauert ja manchmal ziemlich lange, bis endlich der Groschen gefallen ist – ein großer Dank geht daher an die Neuen Deutschen Aufklärer. Der Autor hatte sich hier bei TE ja bereits in mehreren Artikeln an den aktuellen gesellschaftspolitischen Irrsinn in unserem Lande herangetastet, nämlich über die Entgrenzung unseres Staates, den Einfluss der 68-er Generation und den Verlust unserer Geschichte.

Aber wenn wir den Vorwurf des Schweigens gegen eine Mehrheit des deutschen Volkes im Nationalsozialismus aus dem Blickwinkel des aktuell unter Naziandrohung ruhig gestellten bundesdeutschen Durchschnittsbundesbürgers betrachten – worin besteht da heute eigentlich ein Unterschied zu gestern?

o Wir haben heute schon wieder eine öffentliche Ausgrenzung und Verächtlichmachung von andersdenkenden Bürgern und Institutionen, die voll auf dem Boden unserer freiheitlich-demokratischen Grundordnung stehen. Besonders perfide ist das diesbezügliche Schweigen oder gar Umprojizieren der sich selbst als Vierte Gewalt verherrlichenden Qualitätsmedien.

o Wir haben heute schon wieder eine politisch verordnete und vom freiwillig selbstgleichgeschalteten Medienmainstream propagierte Einheitsmeinung, die mittels Nudging durch „zielgerichtete" Kameraeinstellungen und „richtungsweisend" kommentierte Berichte zu einem betreuten Denken der Bürgerinnen und Bürger beiträgt. Nur noch in zunehmend kritisierten und denunzierten Minderheitsmedien können sich die deutschen B&B noch frei über die öffentlich vorenthaltenen Fakten und die sich daraus tatsächlich abzuleitenden Perspektiven informieren.

o Wir haben heute schon wieder einen staatsfinanzierten Spitzelapparat, der sich aus Fachleuten der längst überwunden geglaubten letzten Diktatur auf deutschem Boden rekrutiert, und der sich gerade durch sippenhaftaffine Scheinwissenschaft demokratisch reinzuwaschen versucht. Zeitgleich erwächst unserem Lande ein neues und elitäres Denunziantentum zur fachgerechten Stützung der staatstragenden Mythologie.

All das sind geeignete innenpolitische Instrumente, um permanent gesellschaftlichen Druck auf die schweigende Mehrheit der Bürgerinnen und Bürger unserem Land auszuüben, die genug mit ihrem eigenen Leben zu schaffen hat und nicht noch zusätzlich in innenpolitische Konflikte hineingezogen werden möchte. Und daher haben wir heute ganz selbstverständlich auch schon wieder eine schweigende Mehrheit in diesem unserem Lande!

Der aktuelle Umgang mit Andersdenkenden in unserer freiheitlich-demokratischen Bundesrepublik Deutschland bestätigt das Napoleon zugeschriebene Zitat, das der Autor hier einfach mal unrecherchiert wiedergibt, denn selbst dann, wenn es nicht stimmen sollte, triff es voll zu:

> *„Es gibt kein gutmütigeres, aber auch kein leichtgläubigeres Volk, als das deutsche. Zwiespalt brauchte ich unter ihnen nie zu säen. Ich brauchte nur meine Netze auszuspannen, dann liefen sie wie ein scheues Wild hinein. Untereinander haben sie sich gewürgt, und sie meinten ihre Pflicht zu tun. Törichter ist kein anderes Volk auf Erden. Keine Lüge kann grob genug ersonnen werden: die Deutschen glauben sie. Um eine Parole, die man ihnen gab, verfolgten sie ihre Landsleute mit größerer Erbitterung als ihre wirklichen Feinde."*

Die 68-er Generation des Autors hatte ihren Eltern ja einstmals persönlich vorgeworfen, zu den Gräueln der Nazidiktatur geschwiegen zu haben. Objektiv gesehen ging dieser Vorwurf an eine Generation, die sich in einer Zeit wirtschaftlicher Not der Indoktrination einer Diktatur ausgesetzt sah. Diese Nazidiktatur war geprägt durch eine totalitäre und repressive Einheitsmeinung, deren handelnde Akteure damals nationalsozialistische Machthaber und ihre Parteigänger, eine sehr kooperative Wirtschafts- und Kulturelite, eine gesteuerte öffentliche Meinung und ein staatstragendes Netz von Kontrolleuren und Mitläufern waren – mit dem uns allen hinlänglich bekannten schrecklichen Ergebnis.

Es drängt sich heute also die eher rhetorische Frage auf, an welcher Stelle von fatalen politischen Entwicklungen denn wohl eine „schweigende Mehrheit" ihr Schweigen gegenüber „aus dem Ruder gelaufenen" Machthabern endlich zu brechen bereit sein wäre. Insbesondere unter einer Spirale steigender totalitärer Kontrolle erscheint ein solcher demokratischer Ausbruch nämlich zunehmend unwahrscheinlicher. Denn wenn gerade letzte Nacht der Nachbar von Ledermänteln „abgeholt" worden ist, dann mag es mit der eigenen Bereitschaft, sich systemkritisch zu äußern, verständlicherweise nicht mehr so weit her sein.

Heutzutage ist das alles ja noch sehr viel weniger dramatisch, denn der systemkritische Nachbar ist noch zu Hause – aber heute ist er eben ein Nazi und man selber schweigt lieber oder verschwindet vorsorglich mitsamt der Familie aus diesem unserm Lande…

Und trotzdem gab es in der Nazidiktatur erstaunlich viele Einzelbeispiele von Bürgerinnen und Bürgern, die sich ganz bewusst der nationalsozialistischen Staatsdoktrin entzogen hatten. Hier haben unsere Geschichtsschreiber versagt, denn all diese Einzelfälle, bis auf ganz besonders herausragende Ausnahmen, beispielsweise das Attentat vom 20. Juli 1944 und Oskar Schindler, wurden offenbar in ihrer Summe niemals historisch aufgenommen und unserem verqueren Geschichtsbild hinzugefügt; und selbst Schindler wurde erst mehr als 35 Jahre nach dem Zweiten Weltkrieg durch ein eher zufällig entstandenes Buch einer breiteren Öffentlichkeit bekannt.

Mit dem demographischen Verschwinden der direkten Zeitzeugen aber ist eine historische Würdigung dieser Art von bürgerlicher Zivilcourage unmöglich geworden, auch wenn sich der eine oder andere vielleicht noch an diesbezügliche familieninterne Geschichten erinnern mag.

Die Frage ist daher, ob und inwieweit der einzelne Bürger die Handlungen eines Staates persönlich überhaupt zu verantworten hat, wenn er nicht einmal aktiv in dessen Fehlentwicklung eingreifen oder selbst unter der Hinnahme persönlicher Nachteile diese nicht verhindern kann. Denn der Artikel 20 (4) des Grundgesetzes räumt allen Deutschen zwar das Recht auf Widerstand gegen jeden ein, der es unternimmt, unsere rechtsstaatliche Ordnung zu beseitigen – aber ist das nicht eher ein nachträgliches Feigenblatt für gewesene Machthaber nach dem Motto, „Ihr habt das ja auch nicht verhindert, obwohl Ihr das Recht dazu hattet"?

Was soll denn, bitte sehr, der Einzelne in der Realität wirklich mit diesem Widerstandsrecht anfangen, wenn es für einen solchen Widerstand keine anrufbare Instanz außerhalb des Systems gibt, außer unter angedrohten oder tatsächlichen Repressionen durch das System vergeblich sein Maul aufzumachen oder von vorn herein gleich ganz zu schweigen?

Damit aber stellt sich aber auch die Frage nach der politischen oder moralischen Schuld einer „schweigenden Mehrheit" ganz neu.

Am Ende dieser Betrachtung muss der Autor wohl der schweigenden Mehrheit seiner Elterngeneration, soweit sie nicht aktiv an Naziverbrechen beteiligt gewesen ist, insofern Abbitte leisten, als dass diese Generation unter dem Druck einer Diktatur mit ihrem damaligen Schweigen nicht moralisch verwerflicher gehandelt hat, als heute eine Mehrheit in unserer freiheitlich-demokratischen Bundesrepublik Deutschland, die mit ihrem Schweigen zu einer offenbar beabsichtigten Abschaffung des Deutschen Volkes mit Hilfe von Rechtsbrüchen unserer gewählten Regierung beiträgt.

Gnade uns also Gott, dass nicht zukünftige Generationen im Teddybärwerfen auf Bahnhöfen ein historisches Synonym für das freundliche Gesichtes eines übergesetzlichen moralischen Imperativs in einem Neuen Deutschland sehen werden – und dass sie nicht ebenfalls die Frage stellen müssen, warum wir heute dazu geschwiegen haben...

Die Infantilisierung der öffentlichen Meinung

Veröffentlicht am 16. Dezember 2016 auf Tichys Einblick

Das vielfach zitierte geflügelte Wort, *„Wer mit 18 Jahren kein Gutmensch ist (hier einzusetzen: Sozialist, Kommunist, Moralist, etc…), der hat kein Herz, und wer mit 30 Jahren noch Gutmensch ist (sprich: Sozialist, Kommunist, Moralist, etc…), der hat keinen Verstand"*, pointiert den nieder-schmetternden Einfluss von Erfahrung und Verantwortung auf politische und gesellschaftliche Utopien.

Die revolutionäre 68-er Generation, zum Beispiel, hatte ja nicht etwa über Nacht die Inhalte westdeutscher Politik be-stimmt, sondern sich vielmehr in völligen Gegensatz zur öf-fentlichen und veröffentlichten Meinung gestellt. Eine wer-tekonservative Gesellschaft hatte sich damals also nicht et-wa irgendwelchen Parolen ergeben, sondern deren Prota-gonisten gezwungen, ihre Ideale in das spätere Berufsleben mitzunehmen und sich dort zu beweisen. Dieser selbstver-ständlich vorgezeichnete Weg von der Ausbildung in den Beruf wird der 68-er Generation, wohlgemerkt dieser gan-zen kritischen Generation und nicht nur deren verbohrten Politaktivisten, übrigens bis heute als angeblich beabsichtig-ter „Marsch durch die Institutionen" vorgehalten …

Moral statt Recht

Jetzt aber hat der real existierende moralische Imperativ einer öffentlichen Meinung mit einem gesellschaftspolitischen Tsunami ohnegleichen die vormals bestehende Werteordnung in unserem Lande ganz einfach hinweggefegt — und damit auch die staatsbürgerliche Vernunft, die individuellen Erfahrungen der älteren Generationen und alle Erkenntnisse aus unserer Geschichte. Heute steht eine alternativlose neue gesellschaftliche Moral weit über dem bisher geltenden Recht, weit über den bisher geltenden Verträgen und ermächtigt die herrschende politische Klasse auch mal eben dazu, hinter dem Rücken der Öffentlichkeit den Gesundheitsfonds der gesetzlich Krankenversicherten für ihre gute Sache auszuplündern, Zitat mit eigenen Hervorhebungen aus der gesetzgebenden Planung für diesen Raubzug (PsychVVG Seite 2, Punkt D, letzter Absatz):

> „… *Durch die Zuführung eines Betrages von 1,5 Milliarden Euro aus Mitteln der Liquiditätsreserve zu den Einnahmen des Gesundheitsfonds werden vorübergehende Mehrbelastungen der gesetzlichen Krankenkassen im Jahr 2017 in entsprechender Höhe ausgeglichen…*"

Wie war das möglich? Wenn man die individuelle Nutzung der digitalen Kommunikation betrachtet und die dafür frei verfügbare Zeit, dann dürften sich daraus zwei völlig entgegengesetzte Trends ableiten lassen, nämlich ein diametraler Gegensatz zwischen der verfügbaren Zeit für Kommunikation und dem individuellen Beitrag zum Bruttosozialprodukt unseres Landes:

- o Eine prä-produktive Jugend, unterstützt von voll-alimentierten Weltrettungsaktivisten und klerikalen Trittbrettfahrern mit direktem Zugang zu den Medien, die alle technologischen Innovationen bereitwillig für eine Optimierung der Kommunikation nutzt, und die auch über die dafür notwendige Zeit verfügt.

- o Eine produktive Generation, die zwischen Familie und Beruf mitten im Leben steht und darüber hinaus über keine zusätzlichen freien Zeitressourcen verfügt – und die sich deshalb auf einen ergebnisoptimierten Minimalismus in der Kommunikation beschränken muss.

- o Und eine post-produktive Altersklasse, die zwar über ausreichend Freizeit verfügt, aber das jugendliche Feuer und in ihrer überwiegenden Mehrheit auch den Anschluss an die Entwicklungen in der Kommunikationstechnik verloren hat.

Aus dieser Zusammenstellung lassen sich sehr leicht folgende völlig gegenläufige Trends ablesen:

Kommunikation vs. Produktivität,

Kommunikation vs. Verantwortung und

Kommunikation vs. Erfahrung,

oder um es ganz deutlich auszudrücken, der momentan veröffentlichte Zeitgeist steht in völligem Gegensatz zu Produktivität, Verantwortung und Erfahrung.

Im Ergebnis leistet sich unsere satte Wohlstandsgesellschaft heute also die Rundumalimentierung ihrer schärfsten Gegner, die dann folgerichtig die wirtschaftlichen Grundlagen ebendieses gesellschaftlichen Wohlstandes bekämpfen, vergleichbar eigentlich nur mit einer schweren Autoimmunerkrankung unserer Gesellschaft.

„Leugner"-Inflation

Nun kann man keiner heranwachsenden Jugend das elementare Recht streitig machen, sich moralisch über diejenige Gesellschaft zu erheben, in die sie hineingeboren worden ist und gegen ein bestehendes „Establishment" zu versuchen, die Welt zu retten, so wie man diese Welt eben zu verstehen glaubt.
Über utopisch-moralisierende Beiträge zur öffentlichen Meinung von dieser Seite könnte man, rückblickend auf die eigene Jugend, also eigentlich nur altersmilde schmunzeln. Eigentlich, wenn solche infantile Weltrettungsphantasien inzwischen nicht Eingang in die reale Politik gefunden hätten, und deren wertekonservative Kritiker im öffentlichen Diskurs nicht ständig als „Leugner", „(neu-)rechts" oder

„Modernisierungsverlierer" ins gesellschaftliche Abseits gestellt werden würden.

Denn mit einer globalen „Dekarbonisierung" zum Schutz vor einer angeblich vom Menschen verursachten Klimakatastrophe, einer desaströsen „Energiewende" bis hin zur vorsorglich angekündigten Netzabschaltung bei inzwischen nahezu verdoppelten nationalen Kraftwerkskapazitäten und einer „grenzenlosen" Willkommenskultur bis hin zur Selbstaufgabe steuert unsere politische Klasse das Staatsschiff im frenetischen Jubel der veröffentlichten Meinung geradewegs in die Klippen einer religiös anmutenden Illusion von einer Schöneren Neuen Welt.

Eine verantwortliche politische Klasse wohlgemerkt, deren Mehrheit sich ja üblicherweise aus Vertretern der produktiven und post-produktiven Generationen zusammensetzt, übernimmt jetzt also kritiklos solche moralischen Glaubensutopien, die als ein nicht hinterfragt zu werden dürfender hochmoralischer Imperativ eine vorgeblich alternativlose öffentliche Meinung prägen.

Wenn unsere politische Klasse aber plötzlich hochmoralische Kinderspielchen zu treiben beliebt, und zwar nicht etwa in ihrer Freizeit, sondern mit der Zukunft unseres Landes, dann müssen wir uns ganz ernsthaft „cui bono?" fragen, oder in gut hochdeutsch – wem wird das wohl am Ende nützen?

Und vielleicht sollte man sich dann auch gleich noch fragen, wer das alles am Ende wohl bezahlen muss. Verantwortungslose Politkader halten die Staatsquote an unserem Bruttosozialprodukt ja offenbar schon längst für eine beliebig verfügbare Manövriermasse und nicht für das von ihnen verantwortlich zu verwaltende Gemeinschaftskapital aller Bürgerinnen und Bürger unseres Landes.

Knallharte Interessen

Das gegenwärtige politische Geschehen in unserem Lande basiert wohl eher nicht auf einem cäsarischen Größenwahn oder dem freundlichen Gesicht eines überhöhten moralischen Gutmenschentums der politischen Klasse, sondern auf knallharten machtpolitischen Zielsetzungen, beispielsweise auf globalen wirtschaftlichen Interessen; internationale Wirtschaftslobbyisten und Think-Tanks sind ja nicht wirklich dumm, haben aber üblicherweise hervorragende Verbindungen in die Politik und viel bezahlte Zeit zum Nachdenken…

Wenn man die Verlagerung von industrieller Arbeit aus Industrienationen in „Billiglohnländer" als „Globalisierung" bezeichnet, dann hat diese Globalisierung eigentlich schon mit der Industrialisierung selbst begonnen. Schon damals zielten die in Billiglohnländern mit maximaler Gewinnspanne hergestellten Produkte auf die reichen Volkswirtschaften, und so war beispielsweise das heutige Gütesiegel „Made in Germany" einstmals eine klare Warnung vor ausländischen Billigprodukten.

Das Hauptproblem der industriellen Globalisierung ist es aber stets gewesen, dass sich nach einiger Zeit die unterentwickelten Billiglohnländer zwangsläufig saturieren und wegen gestiegenem Lebensstandard und angepasster Löhne die wirtschaftliche Gewinnspanne sinkt. Die Arbeitsverlagerung vom reich gewordenen Nachkriegs-Japan auf Südkorea und von dort aus dann später nach Südostasien zeichnet diesen Trend sehr deutlich nach.

Zu Ende gedacht bedeutet die wirtschaftliche Globalisierung also eine Art industrieller „Entwicklungshilfe", an deren Endpunkt keine Billiglohnländer mehr für ein weiteres „Produkt-Hopping" zur Verfügung stehen und die Gewinnspannen drastisch einbrechen müssen. Eine solche Situation scheint offenbar in absehbarer Zeit erreicht zu sein, zumal die armen afrikanischen und arabischen Staaten sich einer solchen Entwicklung dauerhaft entziehen werden. Gleichzeitig sind die westlichen Industrienationen durch die irrationale Hatz auf das vorgeblich klimaschädliche CO gerade dabei, die volkswirtschaftlich lebensnotwendigen konventionellen Energieträger abzuschaffen, elektrische Energie unbezahlbar zu machen und ihr investives Kapital in einem Internationalen Klimafonds zur Unterstützung von angeblichen „Klimaopfern" zu versenken.

Globale Oberschicht und lokales Prekariat?

Eine umfassende Fokussierung auf die „Klimarettung" in einer „globalisierten Weltwirtschaft" kann also realwirtschaftlich gar nicht funktionieren, weil sie auf halbem Weg in einer allgemeinen Verarmung der Weltbevölkerung enden muss. Denn was sich die Einen dann nicht mehr leisten können, brauchen die Anderen auch gar nicht erst zu produzieren. Stellt sich also die Frage, welcher Packungsinhalt uns heute im Mäntelchen einer weiteren „Globalisierung" tatsächlich untergeschoben werden soll.

Das Ziel einer weiteren Globalisierung scheint offenbar eine politische Agenda zur grundsätzlichen Abschaffung der Nationalstaaten zu sein. Indem man also beispielsweise notleidende Menschen aus industriefernen Kulturen gezielt als Billiglöhner in die Industrienationen „integriert", kann man die Produktionskosten in den westlichen Industrienationen dergestalt herabsetzen, dass dort ohne einen wirtschaftlichen Zusammenbruch ausreichend Kaufkraft für eine ordentliche wirtschaftliche Gewinnspanne erhalten bleibt.

Kann man also vielleicht zusammenfassend feststellen, dass eine post-globalisierte Weltordnung dergestalt angelegt sein könnte, eine globale Oberschicht von Konsumenten zu erhalten und gleich zeitig ein in Parallelgesellschaften eingebettetes industrielles Prekariat zu schaffen, dass innerhalb einer supranationalen Weltordnung dann die Funktion der Billiglohnländer übernimmt?

Es gibt ja hochrangige Vertreter aus der deutschen Industrie, die bereits von einem neuen „Wirtschaftswunder" schwärmen, während die SPD mit ihrer Forderung nach einer Reduzierung des Wahlalters auf 16 Jahre die Infantilisierung der öffentlichen Meinung weiter vorantreibt. Und mit Blick auf die Bundestagswahlen 2017 werden für die schweigende Mehrheit, *„die man mit vollständigen politischen Antworten ja nur verunsichern würde"* (de Maizière), gerade mal wieder schöne Wahlkampfgeschenke als „Leckerlies" in den vergitterten Schaufenstern der moralisch staatstragenden Einheitsparteien ausgestellt.

Schaunmermal, wie lange man sich in unbotmäßigen Internetmedien noch öffentlich Gedanken über die politische Entwicklung in unserem Lande machen darf – wir werden ja sehen…

Der politische Einfluss des WBGU: Die gefährlichen Weissagungen des Papstflüsterers

Veröffentlicht am 25. Dezember 2016 auf Tichys Einblick

Schon wieder hat es eine Studie des WBGU (Wissenschaftlicher Beirat der Bundesregierung Globale Umweltveränderungen) um den Papstflüsterer Professor Schellnhuber nicht in die Schlagzeilen der Tagespresse geschafft. Und schon einmal hatte uns dieser WBGU mit seinem „Gesellschaftsvertrag für eine Große Transformation" im Jahre 2011 einschneidende planwirtschaftliche „Top-down"-Maßnahmen geweissagt, wie sie mit der „Dekarbonisierung der Welt" dann vier Jahre später auch prompt eingetreten sind:

Auf dem Klimagipfel in Paris (2015) hatten Wissenschaftsesoteriker, Obrigkeit und Klerus in schönster Dreieinigkeit mal eben die Dekarbonisierung der Welt bis zum Jahre 2100 beschlossen.

Wie konnte es dazu kommen?

WISSENSCHAFT: In seinem Buch „Klimahysterie ist keine Lösung" (2012) hatte der Autor einstmals mit Bezug auf die „Große Transformation" (2011) des späteren „Papstflüsterers" Professor Schellnhuber und seines WBGU, zugegebenermaßen prä-aktuell und voll-phobisch, vor einer offenbar politisch gewollten Klimadiktatur gewarnt, Zitat mit meinen Hervorhebungen:

97

*„...Stattdessen schlägt unsere Klimaforschung auf der Grundlage von fiktiven Ergebnissen grob vereinfachender Computermodelle bereits heute eine ‚**Große Transformation zur dekarbonisierten Weltgemeinschaft**' vor, um unsere Gesellschaft auf eine strikte CO_2-Vermeidung auszurichten und den Klimaschutz als Verfassungsziel einzuführen.*

*Propagiert der WBGU mit seiner 'Großen Transformation' bereits unseren neuen −ISMUS, den CO_2-Klimatismus? **Nach dem Fall des Eisernen Vorhangs war man sich doch einstmals einig darüber, nie wieder gesellschaftliche Experimente mit Menschen zulassen zu wollen....***

*Man möge sich also lieber rechtzeitig fragen, was die Forderung nach einer ‚**gesellschaftlichen Problematisierung von nicht nachhaltigen Lebensstilen**' in ihrer weichgespülten Formulierung wirklich bedeutet und welche Art von Hexenjagd uns am Ende tatsächlich damit angedrohtworden sein mag!"*

Heute wird die „vom Menschen verursachte Klimaerwärmung" angeblich von 97 Prozent aller Klimawissenschaftler bestätigt, was übrigens eine typische Fake-News ist. In unserer extrem arbeitsteiligen Welt müssen sich die Bürgerinnen und Bürger aber mangels eigener Expertise in fremden Fachgebieten auf ausgewiesene „Experten" verlassen können, und Wissenschaftler genießen in unserem Land nun mal einen ganz besonders hohen Vertrauensvorschuss. Und diese Wissenschaftler erklären nun mit einer Fake-News eine wissenschaftliche Diskussion von globaler sozial- und wirtschaftspolitischer Bedeutung im Sinne der mittelalterlichen Inquisition für beendet.

POLITIK: Die „Große Transformation" des WBGU (2011) machte keine öffentlichen Schlagzeilen. Im Gegenteil, kaum jemand hatte in der zwischenzeitlichen gesellschaftlichen Diskussion überhaupt schon jemals diesen Begriff „Dekarbonisierung" gehört. Und von einer solchen „Dekarbonisierung der Welt" wurde in den Mainstream-Medien auch jahrelang überhaupt nichts berichtet.

Diese „Dekarbonisierung" tauchte dann aber völlig unvermittelt in der Rede von Bundeskanzlerin Frau Dr. Merkel zum VI. Petersberger Klimadialog am 19. Mai 2015 wieder auf, Zitat mit Hervorhebungen:

> *„.. Meine Damen und Herren, wir dürfen das Ziel nicht aus dem Auge verlieren. Wir werden in Paris erleben – auch das kann man schon absehen –, dass es noch mehr Engagement als heute brauchen wird, um dem Zwei-Grad-Ziel wirklich gerecht zu werden. Damit wir das Ziel nicht aus den Augen verlieren, brauchen wir eine langfristige Vision, die uns Orientierung, aber auch Ansporn gibt.*
> *Die Wissenschaft gibt uns eine klare Handlungsempfehlung. **Wir müssen in diesem Jahrhundert, im 21.***

Jahrhundert, die Dekarbonisierung schaffen – also den vollständigen Umstieg auf kohlenstofffreies Wirtschaften. Für diese Vision treten Deutschland und Frankreich gemeinsam ein und werben dafür auch bei unseren Partnern. Das Intergovernmental Panel on Climate Change, IPCC, fordert als Etappenziel auf dem Weg dorthin, bis 2050 die Treibhausgasemissionen um 40 bis 70 Prozent gegenüber 2010 zu verringern…"

Am 8. Juni 2015, dem zweiten Tag des G7-Gipfels auf Schloss Elmau, meldete Spiegel-Online dann unvermittelt: *„G7-Beschluss in Elmau – Umweltschützer feiern historisches Klimaversprechen"*. Zu diesem Zeitpunkt war die internationale Meinungsbildung auf politischer Ebene für eine globale „Dekarbonisierung" also offenbar bereits abgeschlossen – und zwar ohne jede gesellschaftliche Diskussion.

RELIGION: In seiner Enzyklika ‚Laudatio Si' macht sich Papst Franziskus Gedanken über das „gemeinsame Haus", Zitat aus Wikipedia:

„Die auf den 24. Mai 2015 datierte und am 18. Juni 2015 in acht Sprachen veröffentlichte Verlautbarung ‚Über die Sorge für das gemeinsame Haus' befasst sich schwerpunktmäßig mit dem Themenbereich Umwelt- und Klimaschutz und setzt zudem Zeichen

im Hinblick auf bestehende soziale Ungerechtigkeiten und auf die Erschöpfung der natürlichen Ressourcen…“.

Papst Franziskus macht sich in dieser Enzyklika aber auch sehr ausführliche Gedanken um die zukünftige politische Weltordnung, Zitat mit Hervorhebungen:

„175. Die gleiche Logik, die es erschwert, drastische Entscheidungen zur Umkehrung der Tendenz zur Erderwärmung zu treffen, unterbindet auch die Verwirklichung des Ziels, die Armut auszurotten. Wir brauchen eine **verantwortlichere weltweite Reaktion**, die darin besteht, gleichzeitig sowohl die Reduzierung der Umweltverschmutzung als auch die Entwicklung der armen Länder und Regionen in Angriff zu nehmen. Während das 21. Jahrhundert ein Regierungssystem vergangener Zeiten beibehält, ist es Schauplatz eines Machtschwunds der Nationalstaaten, vor allem weil die Dimension von Wirtschaft und Finanzen, die transnationalen Charakter besitzt, tendenziell die Vorherrschaft über die Politik gewinnt. **In diesem Kontext wird es unerlässlich, stärkere und wirkkräftig organisierte internationale Institutionen zu entwickeln, die Befugnisse haben, die durch Vereinbarung unter den nationalen Regierungen gerecht bestimmt werden, und mit der Macht ausgestattet sind, Sanktionen zu ver-**

*hängen. Auf der Linie dessen, was bereits von der Soziallehre der Kirche entwickelt wurde, hat Benedikt XVI. bekräftigt: ‚Um die Weltwirtschaft zu steuern, die von der Krise betroffenen Wirtschaften zu sanieren, einer Verschlimmerung der Krise und sich daraus ergebenden Ungleichgewichten vorzubeugen, um eine geeignete vollständige Abrüstung zu verwirklichen, sowie Ernährungssicherheit und Frieden zu verwirklichen, den Umweltschutz zu gewährleisten und die Migrationsströme zu regulieren, ist das **Vorhandensein einer echten politischen Weltautorität, wie sie schon von meinem Vorgänger, dem [heiligen] Papst Johannes XXIII., angesprochen wurde, dringend nötig.‘ …“***

Papst Franziskus fordert in seiner Enzyklika ‚Laudatio Si‘ also ganz unverblümt eine mit eigener Macht ausgestattete politische Weltregierung zur Rettung der Menschheit ein.

ERGEBNIS: Mit dieser übereinstimmenden Zielsetzung von Wissenschaft, Politik und Religion ging es dann in die UN-Klimakonferenz vom 30. November bis 12. Dezember 2015 in Paris (COP 21). Das wenig überraschende Ergebnis dieser Klimakonferenz war dann eine „Dekarbonisierung der Welt" für ein 1,5-2 Grad Klimaziel bis zum Jahre 2100 in einer „nicht verbindlichen" völkerrechtlichen Vereinbarung, die inzwischen von mehr als 80 Staaten ratifiziert worden ist. In dem neuen WBGU-Sondergutachten „Entwicklung und Gerechtigkeit durch Transformation: Die vier großen I" wurde jetzt offenbar die politische Agenda dieser Neuen Ökologische Weltbewegung formuliert, mit der die „Top-Down"-Strategie für das weitere Vorgehen in Sachen „Dekarbonisierung der Welt" spezifiziert und deren Finanzierung durch eine weltweite Planwirtschaft und ökologische Zwangsabgaben in den G20-Staaten zementiert werden soll, Zitat mit Hervorhebungen:

Transformative Staatsfonds einrichten

> „...Zur Umsetzung der Agenda 2030 und des Übereinkommens von Paris sollten die beteiligten Staaten effektive nationalstaatliche Politikinstrumente entwickeln. **Der WBGU empfiehlt den G20-Staaten insbesondere die Einrichtung transformativer Staatsfonds (Zukunftsfonds).** Damit können die G20-Staaten auf den Finanzmärkten stärker als Akteure aktiv werden, mit dem Ziel, **einen sozialverträglichen Strukturwandel hin zu einem nachhaltigen Wirtschafts- und Gesellschaftssystem zu fördern.** Die Zukunftsfonds sollten sich aus den Einnahmen von CO2-Steuern und Emissionshandel speisen sowie aus einer **Generationenkomponente auf Nachlassvermögen.** Die Mittel der transformativen Staatsfonds sollten im Sinne des Klimaschutzes und der SDGs angelegt und die Erträge für gemein-

wohl- und gerechtigkeitsorientierte Zwecke verwendet werden.

Nachhaltigkeits- und Klimapolitik zur Lösung weltpolitischer Probleme nutzen

Die Regierungen der G20 sollten sich nicht nur „zu Hause" engagieren, sondern auch auf internationaler Ebene als Vorreiter dazu beitragen, Kooperation zu stärken und **globale Probleme zu lösen.** *Bei richtiger Ausgestaltung und dem strategischen Einsatz der vier großen I* **kann Nachhaltigkeits- und Klimapolitik als Hebel zur Lösung weltpolitischer Probleme genutzt werden.** *Erstens kann eine weitsichtige Klimaschutz- und Nachhaltigkeitspolitik zu einem Modernisierungsprojekt der Weltwirtschaft werden.* **Sie kann ökonomische Entwicklungschancen eröffnen, indem sie Innovationen inspiriert, Investitionsmöglichkeiten und nachhaltige Beschäftigung schafft sowie Investitionen in zukunftsfeste Technologien, Unternehmen und Infrastrukturen lenkt.** *Zweitens kann Klimaschutz und Nachhaltigkeitspolitik auf nationaler Ebene zum Gerechtigkeitsprojekt werden und Inklusion voranbringen, indem sie Dekarbonisierungsstrategien sozialverträglich gestaltet, Ungleichheiten bekämpft und soziale Kohäsion stärkt. Drittens kann die Bewältigung gemeinsamer nachhaltigkeits- und klimapolitischer*

*Herausforderungen zum Friedensprojekt werden, denn dadurch können auch Staaten Vertrauen aufbauen, die sonst nicht miteinander kooperieren oder in offenem Konflikt stehen. **Dies fördert Inklusion auf globaler Ebene, indem Ressourcen- und Verteilungskonflikte entschärft werden und Bürgerkriegen sowie Massenflucht entgegengewirkt wird**…"*

Hier wurden also vom WBGU die Ergebnisse des G20-Gipfels von Hamburg (2017) einer weiterhin schweigenden Öffentlichkeit schon mal probehalber „vorgestellt".

Diese Vorstellung zukünftiger Absichten geschah ganz im Sinne der politischen EU-Strategie eines Jean-Claude Juncker, Zitat mit Hervorhebungen:

*„Wir beschließen etwas, **stellen das dann in den Raum** und warten einige Zeit ab, was passiert. Wenn es dann kein großes Geschrei gibt und keine Aufstände, weil die meisten gar nicht begreifen, was da beschlossen wurde, **dann machen wir weiter – Schritt für Schritt, bis es kein Zurück mehr gibt**."*

Schritt für Schritt, bis es kein Zurück mehr gibt – aus den Mosaiksteinen einer menschengemachten Klimakatastrophe, dem festen Willen der G7-Industrienationen zur Dekarbonisierung der Welt und dem gesellschaftspolitischen Streben von Kirche und ökologischen NGOs zu einer „nachhaltigen" Weltordnung setzt sich also das Bild einer neuen „**Weltrevolution von oben**" zusammen. Diese Weltrevolution zu einer dekarbonisierten Weltgemeinschaft vergleicht der WBGU in seiner Großen Transformation (2011), Zitat mit Hervorhebungen,

> „...*mit den beiden fundamentalen Transformationen der Weltgeschichte: der Neolithischen Revolution, also der Erfindung und Verbreitung von Ackerbau und Viehzucht, sowie der Industriellen Revolution...*".

Der Absatz 214 in Kapitel II. der Enzyklika ‚Laudatio Si' lässt wohlmöglich, rechtzeitig vor dem G20-Gipfel in Hamburg (2017), das Mäntelchen dieses neuen ökologischen Welt-Totalitarismus fallen, Zitat mit Hervorhebungen:

> „... *Es ist Sache der* **Politik und der verschiedenen Vereinigungen**, *sich um eine* **Sensibilisierung der Bevölkerung** *zu bemühen ... Da viel auf dem Spiel steht, sind nicht nur* **Institutionen notwendig, die die Macht besitzen**, *Sanktionen gegen Umweltattacken zu verhängen, sondern ebenso notwendig ist es,* **dass auch wir uns gegenseitig kontrollieren und erziehen** ...*".

Bevor wir jetzt aber anfangen, uns gegenseitig zu kontrollieren und zu erziehen, sollten wir ernsthaft bedenken, dass die vom WBGU zitierten Transformationen in der Menschheitsgeschichte freiwillige Entwicklungen waren, die sich

„marktwirtschaftlich" von der Basis her als „wirtschaftliche Erfolgsmodelle" durchgesetzt hatten.

Alle „Weltrevolutionen" dagegen, die einer Bevölkerung durch regulatorische „Top-Down-Strategien" aufgezwungen worden sind, haben in Unfreiheit, wirtschaftlicher Not und Kriegen bis hin zum Völkermord geendet...

Eine Neujahrsbotschaft an den Bundestag

Veröffentlicht am 30. Dezember 2016 auf Tichys Einblick

Wenn wir den „Neusprech des Jahres 2016" von denen, *„die schon länger hier leben"* und denen, *„die neu dazu gekommen sind"*, zu seinen originären Wurzeln zurückverfolgen, dann entlarvt sich von dort aus der moralbefreite Blickwinkel eines historisch einmalig zu nennenden soziologischen Großexperimentes an unserer Gesellschaft, mit dem man dem Deutschen Volk mehr zu nehmen versucht als nur seine Selbstbestimmung und seine Geschichte.

Es sollte ja eigentlich alle bekennenden Demokraten in unserem Lande beruhigen, dass im Deutschen Bundestag in Berlin 630 gewählte Volksvertreter *unterschiedliche Auffassungen über den richtigen politischen Weg formulieren und diskutieren*; deren wichtigste Aufgaben sind nämlich *die Gesetzgebung und die Kontrolle der Regierungsarbeit*. Alternativlose politische Entscheidungen, eine staatstragende Einheitsmeinung und eine völlig außer Kontrolle geratene Regierung sind also gesetzlich nicht gewollt – jedenfalls zum Stand dieser aktuellen Internetseite des Deutschen Bundestages mit Datum vom 31. Mai 2013.

Wie weit aber der gesellschaftspolitische Wahn einer politisch korrekten Einheitsmeinung in unserem Lande bereits fortgeschritten ist, entlarvt ausgerechnet der einheitsmedial „nicht auszuschließende" Terroranschlag von Berlin.

Während sich das Land noch in Schockstarre befand und der Opfer und ihrer Angehörigen gedachte, wurden diese bereits im Internet instrumentalisiert, ganz besonders im vorauseilenden Kampf gegen den „wachsenden Rechtspopulismus in unserer Gesellschaft…".

Eine zwangsalimentierte Nachrichtensendung hatte am Tatabend mit Unterstützung eines als „Terrorismusexperten" auftretenden Co-Moderators versucht, aktuell eingehende Fakten über diesen Terroranschlag unter vielen stockenden „Ähs" und „Mhs" politisch korrekt relativierend in homöopathischen Mengen an ihre geschockten Zuschauer weiterzugeben. Erstaunlicherweise waren ausländische Medien in der aktuellen Faktenlage zeitgleich schon sehr viel weiter, teilweise musste man sich öffentlich-rechtlich sogar auf solche Berichte berufen.

Folgerichtig war das allererste Opfer des Terroranschlages von Berlin dann auch das erste Opfer dieses gesamtmedialen Eiertanzes; der ermordete polnische LKW-Fahrer wurde nämlich beim öffentlichen Gedenken an die Terroropfer glattweg „vergessen".

Anmerkung: Der vorgebliche „Terrorismusexperte" dieser öffentlich-rechtlichen Anstalt ist laut Wikipedia übrigens *„seit Juni 2007 … Leiter der ZDF-Hauptredaktion „Aktuelles" und stellvertretender Chefredakteur des ZDF…"* – man könnte hier also auch von einer verdeckten Co-Moderation auf Chefebene sprechen, was die unmittelbaren Fragen aufwirft:

o Brauchen wir in den öffentlich-rechtlichen Sende-anstalten zukünftig etwa politische Medienkommis-sare für ein regierungsamtlich korrekt betreutes Denken der „Bevölkerung"?

o Werden wir inzwischen nicht nur mit gut verdauli-chen Informationshäppchen ruhiggestellt, sondern streckt man diese „sprachregulierten" Portionen etwa auch noch zeitlich so geschickt, dass sich in ei-ner „einheitsmedial betreuten Bevölkerung" keiner-lei Empörung mehr aufbauen kann?

o Wird in der Bundesrepublik Deutschland etwa nur noch eine „beschützende Wahrheit" veröffentlicht, und wenn ja, wen oder vor wem soll diese „Wahr-heit" eigentlich schützen?

Es hat ja leider eine gewisse geschichtliche Tradition in Deutschland, sich im Ernstfall nicht auf Regierungsmedien zu verlassen, sondern sich lieber über „Auslandssender" zu informieren …

So warnt denn der amtierende Bundespräsident, der wie kein anderer eine integrierende, die Einheit des Staates und des Volkes repräsentierende Autorität sein sollte (Bundes-verfassungsgericht), immer noch beharrlich vor „System-verächtern" an den Rändern der Gesellschaft, während die-ses System offenbar schon längst aus seiner regierenden Mitte heraus mit parlamentsbefreiten Weichenstellungen nachhaltig ausgehöhlt worden ist.

Momentan frönt man im Deutschen Bundestag nämlich gemeinsam einer alternativlosen Einheitsmeinung, und insbesondere die vormals wertekonservativen Mitglieder der größten Fraktion im Deutschen Bundestag fallen eher durch erratisches Extremverhalten auf; im Bundestag schweigen sie zu Rechtsbrüchen der gewählten Regierung und auf Parteitagen brechen sie in Beifallsorgien aus, wie man sie sonst nur aus totalitären Staaten kennt.

Im politischen Berlin ist momentan also wenig Kontrolle oder gar Selbstkontrolle für das unbedingte Einhalten der demokratisch vorgegebenen politischen Spielregeln zu erkennen. Sehr viel eher wird dort schon der gemeinsame politische Wille zu einer staatstragenden Kontrolle aller übrigen Meinungsträger sichtbar. Nun ja, für eine hochmoralische Einheitsmeinung, eine hochmoralische Einheitspolitik und für eine völlig aus dem Ruder gelaufene Einheitsregierung gibt es halt auch keine demokratischen Entsprechungen – es gibt allerdings auch keine rechtsstaatliche Entsprechung für eine Einschränkung der durch unser Grundgesetz garantierten uneingeschränkten Meinungsfreiheit…

Es zeugt jedenfalls von einer außerordentlichen Chuzpe der herrschenden Klasse und ihrer willfährigen Vasallen, wenn die veröffentlichte Meinung in einer parlamentarischen Demokratie einen Linksruck von Regierung und Opposition der staatstragenden Gesellschaft als deren eigenen Rechtsruck zu verkaufen im Stande ist – und offenbar auch noch damit durchkommt.

Man sagt ja, das erste Opfer in einem Krieg sei die Wahrheit. Dazu braucht man heute aber offenbar gar keinen Krieg mehr, denn dafür gibt es in unserem Land ja inzwischen eine politisch korrekte Sprachregelung und eine alternativlose öffentliche Meinung.

Und wo man gerade noch gestern eine mediale Vielfalt unterschiedlichster gesellschaftlicher Blickwinkel auf aktuelle Ereignisse finden konnte, sucht man bereits heute vergeblich nach aktuellen Meldungen über ganz bestimmte Ereignisse. Die medial veröffentlichte Meinung in unserem Lande hat schon längst mehr als nur ihre Vielfalt verloren, sie fühlt sich inzwischen augenscheinlich nur noch einem gemeinsamen gesellschaftspolitischen Wunschdenken verpflichtet. Aber diese politisch korrekte Mehrheitsöffentlichkeit genügt den neuen elitären Machtansprüchen offenbar immer noch nicht, weil sich die Herrschenden weiterhin kritischen Analysen und Darstellungen in den verbliebenen öffentlich zugänglichen Minderheitsmedien stellen müssen – und diese kritischen Medien vermehrt Zulauf aus einem zunehmend verstörten Wahlbürgertum erhalten

Mit der Etablierung einer höheren staatstragenden Gesinnungsmoral in unserem Lande ist deren Protagonisten offenbar auch der demokratische Respekt vor Andersdenkenden abhandengekommen, denn jegliche von diesem Mainstream abweichende Meinung wird seither in eine rechte Schmuddelecke verbannt und mit der Nazikeule niedergemacht. Meinungsfreiheit ist nun aber nicht das Recht, sich von unpassenden Meinungen frei zu machen, sondern ebendiese demokratisch ertragen zu müssen, solange sie nicht mit Grund- und Strafrecht kollidieren. Die fortgesetzte gesellschaftliche Diffamierung von kritischen Minderheitsmedien gipfelte jüngst IM Versuch, diesen Minderheitsmedien unter dem pseudodemokratischen Deckmäntelchen einer „hochmoralischen Anregung" an deren Werbeträger mal eben die wirtschaftliche Basis zu entziehen. Das endete zwar zunächst einmal als Rohrkrepierer für die Macher selbst. Aber die wirtschaftliche Langzeitwirkung bei den betroffenen Minderheitsmedien dürfte trotzdem existenziell gewesen sein, auch wenn der angerichtete wirtschaftliche Schaden wohl nicht ausgereicht haben wird, um die betroffenen Minderheitsmedien rechtzeitig vor der Bundestagswahl 2017 mundtot zu machen.

Es liegt für die Regierenden daher offenbar nahe, in einem nächsten Schritt nicht mehr so ganz neue Wege für eine widerspruchsbefreite Indoktrination der Wählerschaft zu beschreiten, beispielsweise mal eben gallertartig dehnbare Begriffe wie „Populismus", „Hate-Speech" und „Fake-News" im Beifall einer desinformierten Öffentlichkeit in das Strafrecht „einzubinden". Denn dann kann man endlich nach Gutsherrenart ganz alleine darüber entscheiden, welche alternativlose regierungsamtliche Wahrheit am Ende unserer Demokratie schließlich noch veröffentlicht werden darf.

Eine Frage an unsere demokratisch gewählten Bundestagsabgeordneten: Will jetzt, gerade noch rechtzeitig zu den
Bundestagswahlen 2017, eine panisch um sich schlagende
Bundesregierung der vorgeblich tumben und verführbaren
deutschen „Bevölkerung" tatsächlich ihre grundgesetzlich
verbriefte Meinungsfreiheit entziehen?

Als Antworten bieten sich an:

o   Die demokratisch gewählte Bundesregierung muss
    heute eine vorgeblich dumme, ungebildete und
    unmündige „Bevölkerung" erzieherisch vor ganz bö-
    sen Nazigedanken schützen, denn „je länger das
    Dritte Reich tot ist, umso stärker wird der Wider-
    stand gegen Hitler und die Seinen" (Johannes
    Gross).

o   Die demokratisch gewählte Bundesregierung muss
    heute ihre eigene Meinungshoheit durch eine Ein-
    schränkung der Meinungsfreiheit von andersden-
    kenden Kritikern in öffentlich zunehmend verleum-
    deten Minderheitsmedien durchsetzen, denn „ein
    marxistisches System erkennt man daran, dass es
    die Kriminellen verschont und den politischen Geg-
    ner kriminalisiert" (Alexander Issajewitsch Sol-
    schenizyn).

o   Und die demokratisch gewählte Bundesregierung
    hat sich bereits selbst dazu ermächtigt, die „Bevöl-

kerung" mit Hilfe bewährter antirevanchistischer Wanderarbeiter, die im Aufdecken von volksrepublikschädigendem Verhalten besonders geschult sind, vor einer neuen Nazi-Diktatur zu bewahren, denn „der neue Faschismus wird nicht sagen: Ich bin der Faschismus. Er wird sagen: Ich bin der Antifaschismus" (Ignacio Silone).

Ein solch fataler Flashback in die jüngere deutsche Geschichte aber könnte tausende, zehntausende, vielleicht sogar hunderttausende gut-gläubige Menschen in unserem Lande dazu verführen, unsere bestehende freiheitlich-demokratische Grundordnung willentlich in die totalitäre Tonne zu treten.
Denn viele von ihnen fühlen sich ja bereits heute als moralisch ermächtigter Teil einer weltumfassend-bunten Neuen Einheitsgesellschaft und sind begierig darauf, unsere bestehende gesellschaftliche Ordnung zu transformieren, um diese Welt „endlich zu einem gerechteren Ort zu machen".

Ja, diese Menschen haben bereits Geschichte geschrieben und werden vielleicht auch weiterhin Geschichte schreiben, aber mit Teddybären und offenen Grenzen werden sie die Symbolik der deutschen Vergangenheit nicht auslöschen:

Bahnhöfe werden Bahnhöfe bleiben und Mauern Mauern; und beides sollte uns mit tiefem Ernst der Diktaturen auf deutschem Boden gemahnen, die beide von staatstragenden Einheitsideologien geprägt waren.

Denn wenn eine gewählte Regierung erst einmal damit anfängt, ihre eigene Wahrheit gegen die Wahrheiten des Staatsvolkes zu verteidigen, dann bedeutet das üblicherweise das Ende einer Demokratie. Und damit eröffnen sich erschreckende Parallelen zwischen denen „die hier gerade regieren" und denen, „die hier auch schon mal regiert haben"...

Hallo Sie, ja, Sie, unsere demokratisch gewählten Volksvertreter im Deutschen Bundestag: Sie hatten Sich doch in einer demokratischen Abstimmung freiwillig zur Wahl gestellt, Sie sind demokratisch gewählt worden, Sie haben demokratische Verantwortung für das Deutsche Volk übernommen und Sie sind dabei allein Ihrem Gewissen verpflichtet. Sie müssen jetzt also endlich mal ganz schnell aufwachen, denn es wird höchste Zeit.

Sollte Ihnen in nächster Zeit also irgendein Gesetzestext der aus dem Ruder gelaufenen Deutschen Bundesregierung zur Abstimmung vorgelegt werden, der Ihnen aus unserer jüngeren geschichtlichen Vergangenheit heraus irgendwie bekannt vorkommen muss, dann verwerfen Sie ihn bitte umgehend und lehnen ihn grundgesetzlich ab – oder noch besser, beenden Sie diesen gefährlichen Spuk ein für alle Male durch ein konstruktives Misstrauensvotum!

Und wenn Sie sich schon nicht dem Deutschen Volk verpflichtet fühlen, das Sie ja eigentlich als seine demokratisch gewählten Vertreter in den Deutschen Bundestag entsandt hatte, dann sollten Sie mit ihrem persönlichen Verhalten als demokratisch gewählte deutsche Volksvertreter wenigstens Ihren Respekt vor den Opfern der beiden deutschen Diktaturen bekunden, insbesondere vor den alliierten Soldaten, die einstmals für diese unsere Demokratie gestorben sind – und vielleicht auch vor denjenigen unserer muslimischen Mitbürger, die sich, entgegen einer politisch korrekt vereinheitlichten öffentlichen Meinung, vorbehaltlos zu unseren gemeinsamen freiheitlichen Grundwerten bekennen.

Die Verteidigung dieser Demokratie sollten Sie sich für das Wahljahr 2017 ganz fest vornehmen!

Es bleibt dann also abschließend nur noch zu wünschen, dass unsere Demokratie am Ende doch noch obsiegen wird und nach den Bundestagswahlen 2017 diejenigen „die hier heute noch regieren" zu denen gehören werden, „die hier auch schon mal regiert haben"…

Über einen vergeblichen Versuch, unsere Welt vor der Dekarbonisierung zu retten

Veröffentlicht am 19. Januar 2017 auf Tichys Einblick

Ein Warnhinweis vorweg: Wenn Sie Anhänger der "Klimareligion" sein sollten, könnte der nachfolgende Artikel bei Ihnen zu schweren Beeinträchtigungen bis hin zur Schnappatmung führen.

Jede wissenschaftliche Theorie und jedes wissenschaftliche Theorem kann durch einen einzigen schlüssigen Gegenbeweis widerlegt werden. Und jetzt stellen Sie sich einmal vor, sie hätten einen ganz eklatanten Widerspruch in einer wichtigen physikalischen Berechnung entdeckt, der die Welt, so wie sie uns erklärt wird, nachhaltig verändern würde – oder besser ausgedrückt, Sie glauben entdeckt zu haben, dass es gar nicht notwendig wäre, unsere Welt durch eine Dekarbonisierung bis zum Jahre 2100 vor einer menschengemachten Klimakatastrophe zu retten.

Denn der langfristige Blick in unsere Zukunft wird überschattet von der im Pariser Klimaabkommen vereinbarten Großen Transformation durch eine globale planwirtschaftliche Dekarbonisierung der Welt bis zum Jahre 2100. Mit einer solchen globalen „Energiewende" hin zu „erneuerbaren Energien" will die Weltgemeinschaft einer befürchteten „Selbstverbrennung" unserer Erde entgegenwirken.

Aber ganz so einfach ist das nun auch wieder nicht mit der Weltrettung, denn dazu müsste man ja nicht nur eine sehr mutige wissenschaftliche Vereinigung finden, die ein solches Papier überhaupt zur Diskussion stellt, sondern diese Erkenntnis auch noch einer interessierten Öffentlichkeit zugänglich machen. Man müsste also kritische Meinungsmultiplikatoren davon überzeugen, diese Erkenntnis einer öffentlichen Diskussion zuzuführen. Aber das ist in einer Zeit von „Fake-News" natürlich immens schwierig, wenn man keine zitierfähigen wissenschaftlich überprüften Ergebnisse zur Stützung dieser neuen Erkenntnis vorweisen kann. Naja, vielleicht können die's dort ja einfach nicht glauben, nachdem sie jahrzehntelang gegen den Klimaalarm angekämpft haben.

Der Autor selbst muss sich ja auch immer wieder mal davon überzeugen, dass er seine Argumentationskette wirklich korrekt hergeleitet hat. Offenbar ist es für uns Menschen sehr schwierig einfach loszulassen, wenn wir irgendetwas erst einmal richtig verstanden zu haben glauben…

Über Einsteins Relativitätstheorie sagt man ja, es habe einstmals bei ihrer Veröffentlichung weltweit keine Handvoll Physiker gegeben, die sie spontan verstanden hätten. Da wäre also ein sogenanntes Peer-Review zur Überprüfung dieser Theorie völlig sinnlos oder als Voraussetzung für eine Veröffentlichung sogar kontraproduktiv gewesen.

Bei der oben erwähnten Entdeckung ist es dagegen sehr viel einfacher, weil es eben nicht um ganz neue Physik geht, sondern lediglich um die korrekte Anwendung eines bereits bekannten und allgemein anerkannten physikalischen Gesetzes. Und deshalb müsste es weltweit auch einige Hunderttausende mit universitärer Ausbildung in Physik geben, die eine solche Fehlanwendung des Stefan-Boltzmann-Gesetzes Kraft ihrer eigenen physikalischen Kenntnisse beurteilen können müssten – also schaunmermal, ob die nachfolgende Argumentation am Ende vielleicht doch noch irgendjemanden überzeugen kann:

Der angebliche Treibhauseffekt unserer Atmosphäre ist das Ergebnis einer unzulässigen Verknüpfung eines Durchschnittswertes aus der globalen Energiebilanz mit dem Stefan-Boltzmann-Gesetz aus der Physik, das aber wiederum für die Berechnung der sogenannten Schwarzkörpertemperatur zwingend einen stabilen thermischen Gleichgewichtszustand fordert.

Die vorgeblich vom Menschen verursachte „Globale Erwärmung" basiert auf einer Verstärkung des atmosphärischen Treibhauseffektes durch den vom Menschen verursachten CO_2-Aussoß, Zitat zum Treibhauseffekt aus Wikipedia, dort unter „Energiebilanz", mit eigenen Hervorhebungen:

> *„... Sogenannte Energiebilanzen werden mit einem Mittelwert der Einstrahlung auf die Erdoberfläche gerechnet: Die Erde erhält Solarstrahlung auf der*

Fläche des Erdquerschnitts πR und hat eine Oberflä-
che von 4πR. Diese beiden Flächen haben ein Ver-
hältnis von 1:4. Das heißt, wenn 1365,2 W/m² auf
die Erde einstrahlen und in Erdoberflächentempera-
tur umgesetzt würden, könnte die Erdoberfläche
durchschnittlich 341,3 W/m² auch wieder abstrah-
len.

...Würde der Erdboden nur von einer Strahlung in
Höhe von 239 W/m² bestrahlt, so würde die Erd-
oberfläche im Mittel eine Temperatur von etwa -18
°C annehmen, wenn sich die Wärme gleichmäßig
über die Erde verteilen würde.

...Aber es gibt eine weitere Bestrahlung durch die
aufgeheizten Treibhausgase mit 333 W/m², die so
genannte atmosphärische Gegenstrahlung. Damit
absorbiert die Erdoberfläche insgesamt 161
W/m²+333 W/m²=494 W/m² – und die werden bei
der tatsächlichen mittleren Erdoberflächentempera-
tur von +14 °C auf mehreren Wegen abgegeben...“

Ein „atmosphärischer Treibhauseffekt" als ein Prozess zu-
sätzlicher thermischer Aufheizung unserer Erde um etwa 33
Grad aus sich selbst heraus durch eine vorgebliche „atmosphärische Gegenstrahlung" steht aber in völligem Widerspruch zu den Gesetzen der Thermodynamik, nach denen

jegliche Art von Energieerzeugung aus dem Nichts (Perpetuum Mobile) unmöglich ist.

Dazu ein erklärendes Beispiel: Stellen Sie sich einmal vor, Sie hätten in Ihrem Haus zwei Räume und würden in einem dieser Räume einen Ofen mit einer festen Heizleistung aufstellen, die Tür zwischen beiden Räumen wäre offen. Dann würden Sie berechnen, wie stark dieser Ofen beide Räume gemeinsam – ohne die trennende Wand – erwärmen könnte und in dem erwärmten Raum nachmessen. Die Differenz zwischen der im geheizten Raum gemessenen höheren Temperatur und der niedrigeren theoretischen Temperatur für beide Räume würden Sie dann als „Treibraumeffekt" bezeichnen und Ihrem Ofen eine zusätzliche Heizleistung zusprechen.

In ganz ähnlicher Weise wird der „natürliche Treibhauseffekt" unserer Erde berechnet. Bei der konventionellen Herleitung des Treibhauseffektes aus dem Stefan-Boltzmann-Gesetz werden nämlich gleich zwei gravierende Fehler gemacht, wie im Vergleich mit dem obigen Zitat aus Wikipedia zur Erklärung des Treibhauseffektes sofort deutlich wird:

o Erstens wird die einfallende Sonneneinstrahlung im Stefan-Boltzmann Gesetz rechnerisch auf eine doppelt so große Fläche verteilt (gesamte Erdoberfläche = $4\pi R^2$), als die tatsächliche aktive Fläche beträgt, auf der die Sonne temperaturwirksam ist

(Tagseite der Erde = $2\pi R^2$). Dadurch wird dann die Schwarzkörpertemperatur der Erde nur aus der halben spezifischen Energieeinstrahlung (also aus ¼ anstelle von tatsächlich ½ der Solarkonstanten) berechnet, woraus sich dann zwangsläufig eine viel zu niedrige Schwarzkörpertemperatur ergibt.

o Zweitens wird bei diesem Ansatz der im Stefan-Boltzmann Gesetz zwingend geforderte thermische Gleichgewichtszustand zwischen Einstrahlung und Abstrahlung durch die Einbeziehung der sich ständig abkühlenden Nachtseite der Erde verletzt. Man rechnet dort nämlich einfach mit dem Mittelwert aus der oben zitierten Energiebilanz für die ganze Erde. Dieser konventionelle Ansatz für die Schwarzkörperberechnung unserer Erde unter Einschluss der Nachtseite wäre aber nur dann richtig, wenn es zwei Sonnen mit der halben Strahlungsleistung unserer Sonne gäbe, die jeweils eine Hälfte der Erde beleuchten würden – allerdings wüssten wir dann wiederum nicht, wie hoch in diesem Fall die tatsächlich gemessene Durchschnittstemperatur der Erde wäre.

Anmerkung: Hier stellt sich übrigens spontan die Frage, wie denn eigentlich die Sonneneinstrahlung in den aktuellen Klimamodellen behandelt wird, lediglich als ein globaler Durchschnittswert oder mit dem tatsächlichen Wechsel von Tag und Nacht?

Bei unserer halbseitig von der Sonne erwärmten Erde kann man nun aber im Gegenteil nicht ernsthaft behaupten, dass an jedem beliebigen Ort ein einheitliches Temperatur-Gleichgewicht herrscht, denn die Nachtseite der Erde kühlt sich ja ständig ab. Wir können also an jedem beliebigen Ort der Erde unterschiedliche Tag- und Nachttemperaturen messen. Damit stellt sich die Frage, welche gemessene Temperatur wir dann als Vergleich zur berechneten Schwarzkörpertemperatur heranziehen sollen, die Tag- oder die Nachttemperatur oder eine willkürliche Kombination aus beiden – und wenn ja, welche? Auf diese Frage gibt das Stefan-Boltzmann-Gesetz aber gar keine Antwort.

Bei einem halbseitig beleuchteten Körper wie der Erde darf man vielmehr wegen des im Stefan-Boltzmann-Gesetz zwingend vorgegebenen thermischen Gleichgewichts die unbeleuchtete Nachtseite gar nicht in die Berechnung der theoretischen Schwarzkörpertemperatur einbeziehen. Denn die Randbedingungen dieses Gesetzes schreiben ausdrücklich einen stabilen Gleichgewichtszustand zwischen eingestrahlter und abgestrahlter Energiemenge vor. Oder anders ausgedrückt, das Stefan-Boltzmann-Gesetz ist trotz seiner mathematischen Formulierung eben keine beliebige Gleichung, sondern ein physikalisches Gesetz, das einen strengen Gleichgewichtszustand beschreibt. Man darf es also nicht als platte Rechenanweisung verstehen, um aus jeder beliebig gemittelten Strahlungsmenge irgendeine Temperatur oder umgekehrt aus jeder beliebig gemittelten Temperatur irgendeine Strahlungsmenge zu errechnen.

Vielmehr steht das Gleichheitszeichen im S-B Gesetz als zwingende Bedingung für ein ganz bestimmtes Verhältnis von Strahlung und Temperatur, nämlich für ein stabiles thermisches Gleichgewicht. Man muss dieses Gleichheitszeichen im Stefan-Boltzmann-Gesetz also so verstehen, dass sich erst in einem solchen thermischen Gleichgewichtsfall die dort in Form einer Gleichung vorgegebene Relation zwischen Strahlungsmenge und Temperatur einstellt.

Anmerkung: Wenn Sie diese Aussage nicht glauben wollen, dann suchen Sie im Internet doch bitte einmal nach einer „Stefan-Boltzmann-Gleichung". Sie werden dann in ungefähr 0,22 Sekunden 11.600 Ergebnisse ausschließlich für das Stefan-Boltzmann-Gesetz erhalten; denn eine „Stefan-Boltzmann-Gleichung" gibt es nicht…

Wenn also die Schwarzkörpertemperatur unserer Erde bisher tatsächlich falsch berechnet worden sein sollte und damit der atmosphärische Treibhauseffekt lediglich auf einen Rechenfehler zurückzuführen wäre, dann hätte das natürlich ganz unmittelbare Konsequenzen für den globalen Klimaalarm:

o   Kohlenstoffdioxid (CO_2) wäre plötzlich gar nicht mehr der böse Klimakiller, zu dem es in den vergangenen Jahrzehnten panikheischend aufgebaut worden ist, sondern würde wieder zur Quelle alles Lebens auf unserer Erde.

o Der Plan für die „Dekarbonisierung" unserer Welt bis zum Jahre 2100 um jeden Preis wäre hinfällig geworden. Und somit bräche die gesamte Klimareligion zusammen und damit auch die Sinnfälligkeit für Ablasszahlungen nach dem „Erneuerbare Energien Gesetz" (EEG).

o Die sogenannte „Energiewende" mit zwei voneinander unabhängigen Erzeugungssystemen für elektrischen Strom, nämlich konventionelle und „erneuerbare" Stromerzeugung parallel nebeneinander, würde als das entlarvt, was sie tatsächlich ist, nämlich vom Standpunkt der Wirtschaftlichkeit, Nachhaltigkeit und Ressourcenschonung ein völliger Irrwitz.

Ohne einen atmosphärischen Treibhauseffekt stünden also plötzlich all die politischen, wissenschaftlichen und wirtschaftlichen Profiteure der vorgeblich vom Menschen verursachten Klimakatastrophe vor dem argumentativen Nichts, das EEG wäre eine völlig unnütze Verschwendung von wertvollen Ressourcen und eine Dekarbonisierung der Welt wäre absolut unnötig geworden.

Bücher des Autors zur angeblich menschengemachten Klimakatastrophe:

Taschenbuch S/W - 216 Seiten

ISBN: 978-3-74483-560-2

E-Book: EUR 5,49

Taschenbuch: EUR 7,99

Katastrophenszenarien haben sich zu den Gelddruckmaschinen der modernen Forschung entwickelt. Deren CO_2-Glaubenssätze werden hier anhand geowissenschaftlicher Erkenntnisse „entzaubert" und die gesellschaftlichen Perspektiven der gegenwärtig herrschenden Klimahysterie aufgezeigt.

Taschenbuch S/W - 116 Seiten

ISBN: 978-3-74483-727-9

E-Book: EUR 3,49

Taschenbuch: EUR 5,99

In diesem Buch hat der Autor eigene Veröffentlichungen und ergänzende Kapitel zu einer schlüssigen Argumentationskette im Sinne einer geowissenschaftlichen Auseinandersetzung mit der von den politisierten Klimawissenschaften prophezeiten menschengemachten Klimakatastrophe zusammengefasst.

Insbesondere die wissenschaftliche Widerlegung des atmosphärischen Treibhauseffektes als zentrales Glaubensdogma der Klimareligion steht hierbei im Vordergrund.